건축학개론
기억의 공간

〈건축학개론〉에 담긴 나를 위한 공간의 재발견

건축학개론
기억의 공간

건축가 구승회 지음

북하우스

차례

Intro
〈건축학개론〉 우리가 기억하는 공간 이야기 / 8

Part 1.

사람을 담은 공간,
건축학개론

옥상_하늘을 만나는 곳 / 22

골목_기억 속 햇살 / 36

강의실_반역을 꿈꾸다 / 50

계단_아웃사이더의 공간 / 64

공항_거대한 공간 이동 장치, 비일상의 공간 / 78

대문_안녕, 나의 세계 / 90

어머니의 냉장고_텅텅 비우고 꽉꽉 채우기 / 100

폴딩도어_거리로 향하는 마법 / 110

한옥_낯선 과거로 돌아가는 시간 / 120

제주도_또 다른 섬 / 130

서연의 집_이야기하지 못한 것들 / 140

Part 2.

공간의 기억, 숨은 이야기

광장 우리가 함께한 곳 / 154

병산서원 담을 넘다 / 162

뉴욕과 미시간 그리고 서울 / 170

건널목, 편의점 그리고 담배와 커피 / 178

커튼홀 장소의 힘 / 185

놀이동산 어버니즘 / 194

두 바퀴 파노라마 / 204

Part 3.

공간은 무엇, 공간을 더 깊이 이해하는 법

당신의 공간은 어디에 있나요 / 216

오늘, 무엇을 입을까 / 223

꿈을 짓는 건축가 / 230

모형, 눈앞에 놓인 꿈 / 238

공간을 상상하게 하는 음악, 나만의 장소 / 248

공간의 리듬, 기둥이 둥둥둥 / 258

epilogue
생각의 깊은 우물 속 꿈, 내가 꿈꾸는 공간 / 266

Interview
〈건축학개론〉에 스며든 공간 / 274

공간이 나에게 말을 걸다 / 288

〈건축학개론〉 책이라구?
건축과 도시의 이야기는 열려 있다 / 316

Intro | 〈건축학개론〉 우리가 기억하는 공간 이야기

| Intro |

〈건축학개론〉
우리가 기억하는
공간 이야기

건축, 공간, 기억 그리고 사람

〈건축학개론〉은 잘 만들어진 영화다. 평범한 이야기로 400만 명이 넘는 관객을 동원했고, 전국의 수많은 30,40대가 자신의 젊은 날을 되돌아보며 아련한 추억에 젖었다. 〈건축학개론〉에 대한 촘촘한 영화평이나 분석은 내가 아니더라도 다른 이들이 훨씬 날카롭고 쫀득하게 잘할 것이고 나는 영화 속 '서연의 집'을 설계하게 된 인연으로 많은 이들이 공감한 영화의 내용에 기대어 건축과 도시, 공간에 대해 생각했던 것들을 자유롭게 말하려 한다.

요즘 들어 건축이나 공간에 대한 일반인들의 관심은 높아졌고, 많은 이들이 그에 관한 좋은 책들을 세상에 내놓고 있다. 그에 비하면 아직 부족한 나의 표현력으로 이런 이야기를 쓰는 것이 과연 괜찮은 것일까 싶기도 하지만 이때가 내가 하고 싶은 말에 많은 이들이 귀 기울여줄 수 있는 아주 좋은 기회라 생각해 용기를 낸 것이 솔직한 마음이다.

ⓒ명필름

이 글은 에세이다. 건축과 공간에 대한 전문적 지식을 설명하는 책이 아니며, 공간에 대한 나의 개인적인 소소한 경험을 이야기하고 있다. 책을 써야지 마음먹으면서, 예술적 가치가 높은 건축 작품에 대한 이야기나 건축에 대한 전문적인 지식을 전달하기보다는 우리가 흔하게 일상생활에서 만나는 건축과 공간에 대한 이야기를 풀어쓰고 싶었다. 그래서 많은 사람들이 평범한 일상에서 수시로 만나는 공간에 대한 이야기에 집중하기로 했다. 우리를 둘러싼 공간들과 그 공간의 숨겨진 이야기를 전달하며 '이건 이렇게 볼 수도 있네' 라고 사람들이 생각해준다면 이 글을 쓰는 목적은 어느 정도 이룬 것이다.

글을 쓰는 과정은 그동안 내가 가지고 있던 생각들을 정리할 수 있는 시간이었다. 평소에 일을 하고 일상을 살아가며 공간과 도시와 건축에 대한 많은 생각들을 툭툭 떠올리고 이내 잊어버리곤 했었다. 글을 쓰다 보니 관심을 가졌던 주제들이 자연스럽게 이야기 속에서 윤곽을 드러냈고, 새로 발견하듯 그것들을 만나는 것은 즐거운 경험이었다. '다양성', '직접적 공간 경험의 중요함', '삶의 자유'와 '이 자유를 허락하는 도시의 모습' 등이 여러 챕터에서 반복적으로 등장했고, 이것이 건축과 도시 공간을 바라보는 내 생각의 가장 근본 틀을 이루고 있다는 것을 새삼 발견할 수 있었다.

책의 첫 번째 챕터에서는 영화 〈건축학개론〉에 나온 장소와 공간을 통해 일상의 공간들이 가지는 의미들을 이야기하고자 했다. 두 번째 챕터에서는 내 기억 속에 남아 있는 몇몇 장소들에 대한 회상들로 이루어져 있는데, 개인적 회상 속에 도시 공간에 대하여 하고 싶은 이야기들을 겹쳐놓았다. 마지막 챕터에서는 자신의 공간을 꿈꾼다는 것의 의미와 우리가 공간을 경험하고 이해하는 방법에 대해 말하고자 했다.

몇 개의 글들 속에서는 〈건축학개론〉에 등장하는 서연의 집을 설계하며 있었던 뒷이야기들을 풀어놓았다. 〈건축학개론〉의 이용주 감독은 이 영화가 자신의 젊은 날에 대한 일종의 정리였다는 말을 했다. 연애와 건축 그리고 영화를 배워가고 시작하던 시절에 대한 방점을 찍고 싶었던 모양이고, 그 바람은 이루어진 듯했다. 나로서는 이 영화를 만들기 위해 애쓰던 감독을 오랫동안 옆에서 지켜보았고, 그 노고의 마지막 성과물에 참여하게 되는 기회도 얻었기에, 과정의 관찰자로서 나름의 정리를 한 것은 의미 있는 작업이었다. 다만 영화 제작의 모든 우여곡절을 다 알 수는 없어서 이야기는 이 감독과 같이 작업했던 서연의 집 설계 과정에 집중되었다. 또한 이용주 감독과의 인터뷰를 통해 감독이 건축과 공간에 대해 영화에서 하고 싶었던 이야기를 좀 더 들어보는 기회로 삼았다.

글을 쓰며 틈틈이 동료 건축가들과 인터뷰를 했다. 건축과 공간 분야의 전문가들에게 한 개인으로서 의미 있는 공간이 어떤 곳이었는지를 물어보고 싶었다. 조금은 당황스러운 질문임에도 다들 열심히 자신의 이야기를 풀어놓았고, 누군가에게 질문을 던진다는 것은 삶의 다른 무언가를 배우는 매우 좋은 방법임을 깨달을 수 있었다.

글 한 번 쓰지 않았던 이가 책을 쓴다고 많은 이들을 괴롭혔다. 게으른 필자를 이끌어준 출판사분들과 흔쾌히 인터뷰를 해준 건축가 선후배들, 그리고 인터뷰 녹취 및 자료 정리를 도와준 사무실 식구들, 책을 읽어보고 많은 조언과 함께 추천사를 써준 분들에게 깊은 감사를 드린다. 무엇보다 부엉이 남편과 건축가 아빠를 둬서 삶이 고달픈 윤진과 자인에게 미안함과 고마움을 표하고 싶다.

이 글이 읽는 이들에게 술자리에서 반복해 듣는 섣부른 인생론이나 얄팍한 경험담의 지루함으로 다가서지 않았으면 하는 바람을 가진다. 만약 그런 느낌이 든다면 언젠가 조용히 술을 한잔 사며 미안해 할 기회를 주기를.

건축가, 감독과 싸우다

여러 매체에서 소개되어 꽤 많은 사람들이 알고 있듯이, 〈건축학개론〉을 만든 이용주 감독은 같은 대학교 같은 과 동기이자 내 친구이다. 처음 대학교에서 만난 후, 지겨울 정도로 술을 마셨고, 유치찬란한 무용담을 공유했고, 서로의 장단점을 의지와 상관없이 알게 될 정도의 시간을 함께했다.

어느 날이었던가. 2010년 늦가을 무렵, 오랫동안 난항에 부딪혀 제작에 들어가지 못한 〈건축학개론〉 소식을 듣고 이 감독이 나를 찾아왔다. 이번엔 영화 제작이 실현가능할 것 같다고 영화에서 큰 부분을 차지할 제주도의 서연의 집을 디자인해달라는 말과 함께였다. 지금 시나리오를 다듬는 중인데 공간의 모습을 구체화하면서 쓸 수 있도록 전문가의 실질적인 도움이 필요하다고 했다. 이때까지는 아직 장소가 어디일지, 정말 실제로 지을지, 아니면 세트로 완성할지도 결정이 안 된 상태였다.

건축은 땅에서 시작한다. 가상이든 실제든 건물이 놓일 장소의 특성이 정해진 상태, 즉 땅이 있는 상태에서 건축이 시작되는 것인데 아직 어디에 지어질지도 정해지지 않았다니 난감하기만 했다. 여러 의견이 오간 뒤 몇 가지 조건을 정하고 스케치를 시작했다.

하지만 여기서 물음표가 하나 생겼다. '왜 나를 찾아온 거야?'

단언하건대, 내가 이용주 감독이 아는 가장 뛰어난 건축가여서 나를 찾아온 것은 당연히 아니었다. 영화에서 자신의 집을 지어달라고 찾아온 서연에게 승민이는 첫사랑이기나 했지, 감독이 나를 몰래 짝사랑했던 것도 아닐 테고 말이다. 아마도 감독은 오랜 시간 알아오면서 가끔은 술잔을 주고받으며 영화의 시나리오 초고부터 함께 했으니 내가 자신의 마음을 척하면 척, 알아줄 것이라 생각했을 것이다. 이 김에 매스컴도 타고 나름의 유명해질 기회를, 배고픈 건축가 친구에게 주고자 하는 선한 의도 또한 있었을 것이다. 친구로서 참 고마운 일이긴 한데, 하지만 여기서부터 재앙은 시작되었다.

이용주 감독은 그야말로 최악의 건축주였다. 실제로 건축을 공부했고, 실무경력까지 있는데다가 나와는 사소한 속사정까지 아는 친한 친구에, 기본 성격까지 까탈스럽고, 건축계를 떠나며 받은 상처의 트라우마까지 건축주로서의 악재는 한꺼번에 안고 있었던 것이다.

집을 짓는다는 건 맞춤옷을 갖는 것이다. 디자이너인 건축가를 찾아가서 이것저것 바라는 것을 말하고 한참 기다린 후에 자신만의 유일한 것을 마침내 손에 넣는다. 당연히 바라는 것도 많고, 계속 마음은 변하고, 결정내리기 어려운 요소들도 많고, 자기 자신이 뭘 좋아하는지조차 흔들리기도 한다. 게다가 집을 짓는다는 건 보통 사람의 일생에서 한 번 일어날까 말까한 큰 이벤트이다. 영화 속의 서연이가 승민이 만들어 내놓은 건축안들에 고개를 연신 갸웃거리는 것도 당연한 일이다. 이런 상황을 잘 알기에 대부분의 건축가는 인내심이 많을 수밖에 없다. 아무리 건축주가 까다로워도 영화 속 승민처럼 대놓고 건축주 앞에서 얼굴을 구기지는 않는다. 그런데 건축주가 오랫동안 서로 잘 아는 사람이라면, 게다가 예쁜 한가인도 아니고 어찌 욱

하지 아니할 수 있겠는가!

  20여 년의 시간을 지내면서 이성 문제부터 정치현안에 이르기까지 모든 이슈에 대해 논쟁하고 투닥거렸듯이 설계하는 과정 내내 디자인에 대해 설전이 계속되었다. 열 명 남짓한 영화 스태프들과 사무소 직원들은 두 남자의 유치한 자존심 싸움에 눈만 데굴데굴 굴리며 눈치를 봤다.

  논쟁의 중심은 이것이었다. 감독의 머릿속엔 얼추 공유되었다고 생각했던 집의 모습이 존재했고, 건축가는 여전히 여러 가능성이 많이 열려 있다고 생각했다. 건축가는 영화에 나오는 건축에 관한 모든 것이 거짓이 아니길 바랐고, 감독에게 이 집은 결국 영화의 배경으로서 제대로 기능해야 했다.

  예를 들면 옛날 서연의 집 위에 얹혀져 있는 기와지붕은 실제로는 존재하지 않던 것이었다. 건축가는 제주도 남쪽 바닷가 바로 10미터 앞, 태풍이 몰아치는 곳에 기와를 얹은 지붕은 비현실적이라고 고집했고, 감독은 그렇다고 도무지 모양새가 나지 않는 아스팔트 슁글 지붕을 영화에 담을 수 없었다. 영화를 본 많은 사람들이 인상적으로 기억하는 잔디로 만든 옥상 또한 논쟁의 중심에 놓였다. 거동이 불편한 아버지와 딸 둘이서 살 평범한 살림집에 바다 소금물이 튀어 올라오는 옥상 위 잔디를 누가 관리할 수 있냐는 것이 건축가의 반대 이유였고, 감독은 설계에 지친 남자 주인공을 멋지게 눕힐 곳이 필요했다. 반대로 어떤 경우에는 건축적인 표현을 지르고 싶어 하는 건축가를 감독이 현실적 이유를 들며 말리기도 했다.

서연의 집 옥상 기와지붕.

"오빠는 내가 왜 화났는지 몰라?"라는 가공할 만한 여자친구의 질문은 단지 남녀 관계에만 국한된 것이 아니라 이해받기를 원하는 모든 인간관계의 한쪽 입장을 대변한다. 모든 건축주는 자신의 머릿속에 있는 모호한 바람을 디자이너가 이해해주기를 바라면서도 대부분 그것을 분명하게 전달할 수 있는 방법을 교육받은 적이 없고, 이해시키는 것이 자신의 일이 되기를 바라지도 않는다. 결국 디자이너란 존재는 이해받기보다 이해하는 존재여야 한다.

건축가란 직업은 결국 다른 이의 꿈을 대신 그려주는 사람이다. 작업의 결과로 다른 이가 행복하게 웃으면 직업적 소명은 이룬 것이다. 그런 의미에서 서연의 집의 진정한 건축주는 제작사도 감독도 아닌 〈건축학개론〉이라는 영화 그 자체였는지도 모른다. '건축주'가 정말 바라는 바, 꿈꾸는 바를 이해하고 물리적 공간으로 만들어내는 것은 시간이 걸리는 작업이다. 공력이 두텁게 쌓인 건축가들은 다만 그 시간이 짧아지는 것이다. 결국 〈건축학개론〉의 건축가는 건축주를 이해하기 시작했고, 서연의 집은 필요한 모양새를 갖추게 되었다. 영화는 나름 좋은 흥행 결과를 얻었고, 건축가는 수백만 관객에게 자기 작품을 보여줄 수 있는 기회를 얻었고, 모두가 행복했다. 게다가 감독은 제대로 건축가에게 술 한잔을 샀다.

세상의 모든 디자인은 즐거움을 위한 것이다. 디자인은 불편함과 불행과 짜증을 목표로 하지 않는다. 디자이너는 디자인을 수용하는 이에게 즐거움을 주고 행복하게 만드는 것을 목표로 한다. 그러므로 디자이너는 엔터테이너이다. 다른 이를 즐겁게 해주는 것이 업인 사람들인 것이다.

　세상에서 가장 좋은 직업이 무얼까 생각해보다가 꽃가게 주인은 참 좋은 직업일 거라고 생각한 적이 있다. 꽃을 사러 오는 사람들은 십중팔구 행복한, 아니면 행복해지려고 하는, 또는 다른 이를 행복하게 해주고 싶은 사람들일 테니 말이다. 그런 사람들을 매일 볼 수 있는 직업의 아름다움이 부러웠다. 물론 그 꽃들을 예쁘게 가꾸기 위해 들이는 땀과 노력은 뒤에 가려져 있다. 남에게 행복함을 주는 건 당연히 쉬운 일은 아닐 것이다. 하지만 꽃을 선물 받은 사람의 활짝 핀 표정은 언제나 보는 이를 기분 좋게 한다.

　건축가도 마찬가지일 것이다. 내가 만들어낸 건축이 다른 사람들에게 행복을 선사하는 것. 그 기쁨을 발견하는 순간은 시간의 흐름 속에서도 언제나 빛을 발한다.

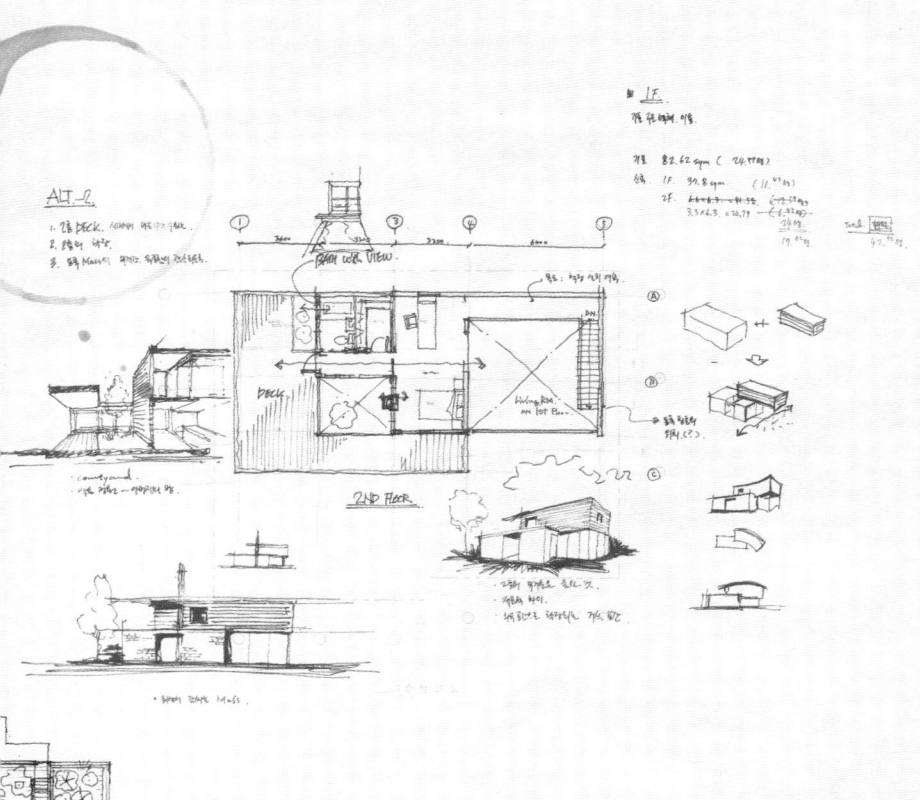

ALT-B.

Part 1.

사람을 담은 공간, 건축학개론

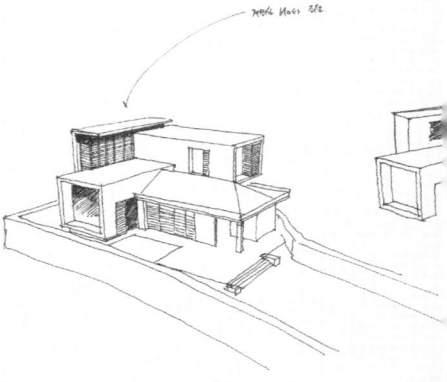
경사녹 방어 주택

| Essay |

옥상

하늘을 만나는 곳

영화 〈건축학개론〉 속에 나온 교수님은 우리의 일상에서 쉽게 접할 수 있는 것에서부터 건축 이야기를 풀어나간다. 교수님의 숙제 중 하나가 자신이 사는 곳에서 가장 먼 곳을 한번 가보라고 하는 것이었다. 학생들에게 자신이 잘 알고 있는 동네의 경계를 넘어 새로운 곳에 가보라고 하는 것은 의미가 있었다. 왜냐하면 대학에 갓 들어온 학생들이 집과 학교를 오가며 경험한 한정적인 공간의 한계를 넘어 다른 세상을 보면서 다른 삶과 공간의 모습이 있음을 직접 깨닫기를 바라는 의도 때문이다.

숙제를 위해 승민과 서연은 버스를 타고 자신들이 사는 정릉에서 42개의 정류장을 거쳐야 하는 개포동까지 간다. 개포동이 세상의 끝은 아닐테지만 쉼 없이 커져만 가던 서울의 끝자락일 수는 있을 것이다. 풍선처럼 부풀던 거대도시가 그린벨트로 묶인 산자락에 닿아 잠깐 멈칫한 곳. 만약 지나간 30년 동안의 서울의 위성사진을 슬라이드쇼로 만들어 돌리면 서울이라는 끈적끈적거리고 게걸스러운 아메바가 꾸물꾸물 주변의 녹지를 먹고 점점 커지는 모습이 보일 것이다. 어쨌든 개포동이면 정릉 촌놈과 제주 소녀에게는 충분히 '아주 멀리' 온 것일 테고, 둘은 지어진 지 얼마 안 된 아파트 옥상으로 올라간다.

옥상 난간에 기대어 서연이 CD 플레이어를 꺼내서 한쪽 이어폰을 승민의 귀에 꽂아주면 전람회의 '기억의 습작'이 흘러나온다. 영화관 가득 울려 퍼져서 30~40대들의 마른 감성을 쥐고 흔들어대던 그 음악을 듣고 있을 때 카메라는 뒤로 물러나며 도시의 전경을 훑고 하늘을 향해 올라간다. 승민의 표정이 멍하게 감상에 빠질 때 관객 역시도 영화관 의자에 스르르 무너져 내린다.

초록색 방수 마감의 아파트 옥상. 그리 예쁠 것 없는 공간이지만 좋아하는 여자아이와 단둘이 이어폰을 나눠 음악을 듣는다는 건 가슴을 울렁이게 만드는 일이다. 대부분의 공간은 용도가 있고, 사람과 사물로 가득 차 있다. 그에 비해 옥상은 비와 햇빛을 피하기 위해 건물의 가장 높은 곳을 덮어 생긴 기능적인 공간이니 남는 공간인 셈이다. 옥상에 올라가는 건 역설적으로 다른 이들이 오지 않는 공간이기

Part 1 | 사람을 담은 공간, 건축학개론

ⓒ명필름

때문이다. 그래서 옥상은 건물의 내부 공간이 여러 이유로 수용하지 못하는 다양한 용도를 갖는다. 영화 〈방과 후 옥상〉, 〈말죽거리 잔혹사〉만 봐도 학교 옥상이라는 공간이 가지는 다용도 기능(?)을 확인할 수 있다.

옥상이 다른 공간과 다른 점 또 하나는 머리 위에 아무것도 없다는 것이다. 보다 정확히 이야기하면 하늘만이 있다. 부서지는 햇살 속에 내 머리를 덮는 하늘. 이어폰에서 울려 퍼지는 옛 노래가 위력을 발휘하려면 머리 위에 하늘이 있어야 한다. 그곳에서 우리가 위로를 받고, 답답함을 털어버리고, 풋풋한 감정을 나누고, 그렁그렁한 눈물을 소리 없이 닦을 수 있다면 그건 그곳에 건물 옥상이 아니면 만날 수 없는 넓은 하늘이 있어서일 것이다.

영화에 나온 제주도 서연의 집을 보고 많은 이들이 잔디가 깔린 2층의 옥상 이야기를 했다. 그 옥상에서도 중요한 건 잔디가 아닐지 모른다. 영화에선 보이지 않았지만 잔디에 누우면 앞에 펼쳐진 너른 바다보다 더 크게, 눈앞에 어마어마한 크기로 펼쳐지는 하늘이 잔디 옥상을 특별하게 만든다. 서연의 집이 도심 한복판 높은 건물에 둘러싸여 있었다면 잔디 옥상은 단지 잔디가 깔린 작은 옥상정원 그 이상도 이하도 아닐 것이다.

서울에 사는 이들에게 어디가 기억에 남는 장소인지 물어보면 많은 사람들이 한강을 이야기한다. 그 이유를 물으면 잔디밭이나 강물이

ⓒ명필름

잘 조성된 자전거 길이나 편의점의 생맥주, 그곳에서의 개인적인 추억들을 말할 것이다. 그리고 늘 하는 말은 "탁 트여서 좋잖아."이다. 어떤 이는 힘들 때 한강에 있는 다리 한가운데에 간다고 했다. 흠칫 절박한 이야기인가 싶었는데 이야기인즉슨 그곳이 도시 안에서 가장 큰 하늘을 만날 수 있는 장소이기 때문이며, 다리 한가운데에 서면 강남과 강북이 한눈에 보이고 잠시나마 이 큰 도시를 다 가진 듯 느껴져서라고 했다. 한강과 한강의 둔치가 서울의 진정한 공공 공간으로서 의미를 가지는 것은 그곳에는 집을 짓지 못하기 때문일지도 모른다. 넓은 공간이 채워지지 않은 채 비워져 있고, 강남과 강북 사이 넓게 펼쳐진 하늘을 우리에게 허락하기 때문이다.

도시 안에서는 하늘 한 조각이 매우 소중하다. 얼마나 하늘을 많이 볼 수 있느냐가 일조권과 조망권으로 말바꿈을 하여 그 장소를 즐기고 소유하는 것에 대해 바로 가격이 매겨지기도 한다. 높은 고층빌딩이 가지는 첫 번째 장점은 시야에 거칠 것 없는 탁 트인 전망이며 결국 그것은 하늘의 끝까지 얼마나 볼 수 있느냐의 이야기일 수 있다. 하늘은 꼭 고층빌딩만이 소유할 수 있는 것은 아니다. 낮은 건물들이 옹기종기 모여 있는 곳이라면 건물의 옥상은 하늘을 만끽할 수 있는 좋은 장소이다. 타워팰리스 꼭대기에선 지평선이 보일지 모르나 옥탑방 앞 옥상에 나가면 여름날 노을 진 반구형 하늘이 다 자신의 것이다.

서울은 이미 거대도시가 되었고, 많은 사람들이 좁은 땅에 모여 살아야 하니 높은 건물들이 빽빽하게 들어서는 고밀도의 도시일 수밖

에 없다. 높은 건물들은 긴 그림자들을 만들어내고, 하늘은 저 멀리 고개를 들어야만 보인다. 낮은 건물들이 모여 있는 지역들은 외부 공간에서 상대적으로 넓은 하늘을 대할 수 있지만 건물 간의 간격이 상대적으로 가까워서 건물 내부에서는 고층 건물들보다 좋은 조망을 갖기가 힘들다. 하지만 건축가 황두진이 말했듯, 저층 고밀도의 지역에서는 하늘 조망권과 옥상의 공공 정원이 삶의 질을 높여줄 수 있는 중요한 요소가 된다. 비어 있는 옥상의 이용은 지상에서 부족한 공공 영역의 확보를 가능하게 해주고, 넓은 하늘을 공유할 수 있는 가능성을 만들어준다. 그래서 하늘은 가장 큰 공공재이다.

높은 건물과 낮은 건물이 도시 안에 모두 필요하듯이, 작은 하늘과 큰 하늘 또한 모두 필요하다. 공간의 모양새가 만들어지면 그곳을 덮는 하늘의 모양새도 따라온다. 땅 위에 펼쳐진 집과 상가와 사무실들 사이로 하늘의 모습이 만들어진다. 창 너머 보이는 하늘도, 앞 건물의 지붕 위로 보이는 하늘도 작건 크건 의미가 있으며, 그것은 항상 변하는 도시 공간의 지붕이 된다. '스카이라인'은 멀리서 바라본 건물들의 연속된 경관을 지칭하는 단어로 도시와 건축을 이야기할 때 많이 쓰이지만, 본래 단어의 뜻대로 하늘의 모양새가 사실 더 중요한 것일지도 모른다.

우리는 지도 위에 선을 긋고 그 궤적을 따라 삶을 산다. 지도 위에 영역을 표시해 집을 짓고 도로를 내고 공원을 만들어 도시를 키워 나간다. 경험하는 모든 공간은 몇 평, 몇 제곱미터라는 면적의 2차원적 개념으로 이야기되고 가치가 부여된다. 그렇게 은연중에 우리는 공간을 하늘에서 내려다보며 인식한다.

건축의 완성된 모습을 가상으로 그려 보이는 투시도 중 하늘 위에서 내려다 본 그림을 조감도Bird's Eye View라고 한다. 주로 한눈에 보기 힘든 거대한 프로젝트들을 전체적으로 보여주기 위해 쓰이는데 그 한계에 대해 말이 많다. 사람들이 실제로 그렇게 높은 시점에서 건물을 경험하는 경우가 없기에 현실과 동떨어진 이야기를 전달할 가능성이 많다는 것이다. 이렇게 땅을 내려다보는 시각으로 살다보니 거북이목 증후군에서 벗어나질 못한다. 우리의 목 건강을 위해서도 하늘을 올려다 볼 필요가 있다.

'10월의 하늘'이라는 재능기부 과학강연*이 해마다 열린다. 2010년에는 이 강연을 응원하기 위해 강연이 열리는 날 트위터를 통해 자신이 있는 곳의 하늘 사진을 찍어서 올리자는 제안이 있었고, 많은 이들이 동참했다. 직접 강연에 참여하지는 못했지만 나 역시 이 강연의 취지에 공감을 했다. 아파트 옆 마당에 나가 하늘을 찍은 뒤, 응원 메시지와 함께 사진을 트위터에 올렸다. 매일 나가 담배를 피우는 곳이

---

* 〈10월의 하늘〉은 전국 중소도시의 도서관에서 해당 지역의 청소년들을 대상으로 개최되는 '도서관 과학 강연' 재능 기부 행사이다. 기획에서 준비, 당일 강연 및 행사진행에 이르는 전 과정이 오로지 기부자들의 재능 나눔으로 이루어진다. 이를 통해 재능 기부자들에게는 이웃과 사회를 위해 봉사하고 자신이 가진 재능을 사회적 재능으로 확산시킬 수 있는 기회를 제공하며, 참여 청소년들에게는 과학이 주는 즐거움을 맛보고 우주와 자연이 주는 경이로움을 체험할 수 있도록 한다.

었지만 그렇게 예쁜 하늘이 있는 줄 모르고 지냈다. 문득 올려다 본 하늘이 준 자유로움은 우리가 딛고 있는 땅을 벗어나 다른 세계로의 비상을 꿈꾸게 하며 마음의 평화를 선사한다.

문득 올려다본 하늘.

| Essay |

골목

기억 속 햇살

골목에 대한 이야기를 해보려고 한다.
 차가 지나가기 버거운 담장들 사이로 좁고 꼬불꼬불 이어진 골목. 갖가지 색깔의 대문과 문 밖에 내놓은 멋대로 자란 화초 화분과 반쯤 찢어진 광고 스티커가 붙어 있는 전봇대에 버섯처럼 매달린 노란 가로등. 몇 개의 계단과 금이 간 콘크리트 바닥 옆에 돌 축대를 타고 오르는 담쟁이. 어린 시절의 기억 속에 흩어진 파편처럼 문득 떠오르는 에피소드 뒤에 찰칵 찰칵 떠오르는 배경으로 존재하는 모습들이 스쳐 지나간다.

〈건축학개론〉의 영화 속에서 승민과 서연은 같은 버스를 타고 정릉 골목길에 내린다. 아직은 서로 잘 모르는 어색한 사이. 승민은 서연이 골목길로 걸어가는 뒷모습을 바라본다. 이후, 정릉의 골목길은 승민의 대학시절을 관통하는 무대가 된다. 좁고 구불구불한 길. 사실 그런 골목의 공간을 자신의 기억 속에 품고 있는 사람은 많지 않을 것이다. 큼직큼직한 건물과 공간들로 새롭게 변해가는 도시 안에서, 이제는 많이 사라져 애써 찾아가야 하는 곳이기에 그곳이 자신의 공간이었던 사람들의 연령대는 한참 높을 수밖에 없다. 하지만 요즘 독특한 현상이 나타나기 시작했다. 젊은 사람들의 발길이 이제 몇 남지 않은 작은 골목들로 향하기 시작한 것이다. 탐험하듯 골목을 뒤져 그 안에 꼭꼭 숨어 자리 잡은 맛집과 카페, 옷가게를 찾아 보물을 발견한 듯 기뻐하고, 사진을 찍어 블로그에 올리고 사람들에게 입소문을 낸다.

빠르게 변모하는 도시 환경 속에서 우리 머릿속 골목의 이미지는 실제 경험에서 얻은 것보다 미디어를 통해 재생산된 것들이 더 많을 것이다. 계단과 전봇대, 철문과 낙서 모두 영화와 다큐에서 본 대로 뇌 주름 속에 새겨져 있는지도 모른다. 하지만 중요한 것은 그런 이미지들의 묶음이 아련한 감정을 만들어내고, 그곳에서 어린 시절 추억이 조금이라도 담겨 있기를 그려보기도 하며, '골목'이라는 단어를

골목 끝에 숨어 있는 예쁜 가게들.

입술을 오므리며 공기 중에 내보낸다는 것이다. 도대체 왜 일까?

　왜 사람들은 골목을 좋아할까. 왜 좋아하는지 알면 그런 골목을 만들어낼 수 있을까? 시간과 기억이 켜켜이 쌓여 만들어진 그런 공간을, 사람들이 좋아하는 장소를 세상에 짜잔 내놓을 수 있는 연금술의 비밀이 있을까? 언제나 사람들은 사물 뒤에 숨은 이야기를 좋아하고, 눈에 보이는 것들이 생겨난 이유를 알고 싶어 한다. 길과 골목에 대한 정의는 많은 이들에 의해 이루어졌고, 그 모습에 대한 글들과 건축적 의미에 대한 이야기 또한 많다. 나는 골목의 매력을 만드는 요소에 두 가지 이유를 덧붙여 보려한다. 그것은 '사람의 부재'와 '작고 다양한 문개구부'이다. 어떤 공간이 사람들에게 호감을 불러일으키고 찾아가게 만드는지, 가장 핵심적이고 모범적인 답은 아닐지라도 새로운 시각은 될 수 있을 것이다.

　언젠가 인사동에 간 기억이 있다. 카레가 맛있는 집이 기억이 났고, 그 골목을 다시 찾아갔다. 그 집은 다행히도 그대로 있었고, 맛은 전과 다르지 않았지만 이상하게 처음과 같지 않았다. 변한 것이 없는 게 분명한데도 무언가 달랐다. 그러다 집에 오는 길에 깨달았다. 골목에 사람이 너무 많았던 것이다.

　한류가 세상을 휩쓸고, 경제적 여유가 생긴 이웃나라 손님들이 어마어마한 규모로 몰려들면서 조금이라도 이야깃거리가 있는 곳은 관광지 코스의 일정표 한 칸을 차지하게 되었다. 그 덕에 인사동은 가장 중요한 서울의 관광 자원이 되었다. 정작 그들이 얼마나 그곳을 즐겼는지는 모르겠다. 어쩌면 명동의 백화점들을 지루할 정도로 헤매다가 바깥바람을 쐬기에는 좋은 곳 정도로 생각할 수는 있겠다. 그들이 있어서 상권은 살아나고, 도시의 다양성도 따라온다. 하지만 골목에서 마주친 그들은 나를 당황스럽게 만들었다. 그것은 그들의 국적이 문제가 아니라, 그들의 규모 때문이었다. 내가 아는 골목은 사람 그림자가 한둘이면 족한 곳이었다.

　내가 생각하는 골목의 첫 번째 요소는 공간의 시각적 요소가 아니라 사람이다. 그것도 사람과 건물의 부재. '없음'에 대한 이야기다. 말뜻 그대로 낮은 밀도다. 자신이 경험하건 미디어의 세뇌이건 사람들이 떠올리는 골목의 이미지는 사람들로 바글바글한 곳이 아니다. 높은 건물들로 겹겹이 둘러싸여 있는 곳 또한 아니다. 낮고 작은 집들 사이로 햇살이 퍼지고 담장 틈새에서 잡초가 고개를 들이밀면 그곳엔 나와 그녀 그리고 지나가는 할머니 한 분 정도가 있어야 한다. 좁은 골목길에선 그래야 한다. 그럼 어떻게 이 '부재'를 도시 안에 존재하도록 할까?

　여기서 잠깐 건축을 위한 사회적 약속인 건축 법규 이야기를 꺼내야 될 듯싶다. 건축을 위한 법은 많고 그중에서 재미난 것 중 하나가 높이를 제한하는 '사선제한''이다. 간단히 이야기하면 건물이 지어지는 땅 앞에 있는 도로의 폭에 따라 건축물의 높이를 결정짓는다는 것이다. 넓은 도로가 앞에 있으면 높게 건물을 지을 수 있고, 좁은 도

로가 있으면 높게 지을 수가 없다. 도로를 지나치다가 꼭대기 모양이 훅 깎여나간 듯한 건물의 머릿 부분을 보았다면 그것은 이 법규 때문이다.

여기에는 몇 가지 이야기가 숨어 있다. 우선 도로의 공공성에 대해서다. 예를 들어 좁은 도로가 있고 양옆으로 무척 높은 건물이 있다면 그 도로는 항상 어두침침한 곳이 되어 사람들이 다니기에 좋지 않을 것이다. 도로가 넓다면 주변 건물이 높다 해도 갑갑한 느낌이 덜 들 것이며, 햇살이 도로에 떨어질 수 있는 가능성이 더 많아질 것이다. 외국에선 이 높이를 규제하는 가상의 면을 Sky Exposure Plane이라 하고 용어 자체가 말하듯 도로에서 하늘이 얼마나 보이느냐로 양옆 건물의 높이를 제한한다. 다음으로 도로와 건물의 관계는 밀도와 관련이 있다. 높은 건물은 기본적으로 많은 사람이 머물고 살게 된다. 많은 사람이 살게 되면 도로에도 많은 사람이 쏟아져 나올 것이고, 그에 따라 도로가 너무 좁으면 불편할 것이다. 넓은 도로에는 큰 건물. 좁은 도로에는 낮은 건물. 그래야 사람들의 밀도가 적정해질 것이라는 믿음이 이 법규에는 숨어 있다.

작은 길 옆에는 그리 높지 않은 건물이 있어야 한다. 반대로 높지

---

* 건축물의 높이를 제한하는 것으로, 도로의 반대쪽, 북쪽 경계선, 인접지와의 경계선 등에서 그은 일정한 사선 이내에 건물의 높이를 억제하고자 하는 것인데, 이는 일조日照·채광採光·통풍·미관 등의 도시 환경을 고려하는 것이다.

않은 건물들이 있는 공간을 도시 안에서 수용할 수 있어야 골목이 존재한다. 그래야 번잡하지 않은 조용한 골목이 우리 곁을 떠나지 않을 것이고, 그곳에서 이웃 할머니의 눈을 피해 연애도 할 수 있고, 전봇대 밑에서 수줍은 첫키스도 할 수 있을 것이다. 언젠가 한 선배 건축가가 이야기했듯이 도시의 모든 곳이 활성화될 필요도 없고, 그래서도 안 된다고 믿는다. 조용한 곳과 활발한 곳이 공존하는 도시가 좋은 도시이다. 대규모 개발은 보다 나은 도시 환경을 만들고자 하는 큰 목표를 향하지만 모든 방향이 높고 넓은 것만을 지향할 때 우리는 간직하고 싶은 골목의 본모습을 잃게 될 수 있다.

골목의 매력을 만드는 두 번째 요소는 제각각 다른 대문과 창문이다. 골목 위에 사람들이 바글거리지는 않더라도 그곳에 사람의 존재는 느껴져야 한다. 아무리 좁고 아늑하다 해도 그 골목에 문과 창문이 없다면 그곳은 미로 감옥과 같을 것이다. 길 바로 옆 다양한 크기의 창문과 문은 그 너머에 사람이 있다는 것. 그리고 그 안의 삶과 언제든지 마주칠 수 있을 것이라는 신호 같은 것이다. 이것은 건축가들이 많이 언급하는 휴먼 스케일 human scale 의 가치에 대한 이야기와도 맞닿는다. 사람의 몸과 마음이 편해지는 주변 환경의 크기와 형태에 관한 것인데, 골목길의 고만고만한 크기의 개구부창문 건축에서 외부로 뚫려 있는 부분을 묶어 일컫는 말들과 문 등도 이런 휴먼 스케일을 가지고 있다고 할 수 있다.

창문과 문 너머에 삶의 모습이 간간히 보인다. 사적인 공간인 건물의 내부와 다른 이들이 오가는 공적인 공간인 골목이 대화의 통로가 되고, 두 공간은 쉽게 넘나들 수 있다. 어떤 동네에 가면 키 높이를 훌쩍 넘는 높고 긴 담장과 길을 따라 띄엄띄엄 있는 폭이 넓은 대문을 볼 수 있다. 그곳은 우리가 좋아하는 골목의 모습과는 거리가 있다. 대규모 아파트 단지 안팎으로 조성된 예쁘고 아기자기한 조경들도 거닐만한 가치가 있지만 그곳은 꾸며지고, 내부 지향적인 공간이기에 골목이 우리에게 주는 의미와는 조금 다를 것이다. 사생활 보호를 우선시하다보니 사람들을 만날 수 있는 공적 공간까지 접근하는 것이 어렵다. 얻는 것이 있으면 잃는 것이 있게 마련이다. 내 사생활을 걸어잠그면서 안전함을 느끼지만 꼭꼭 닫힌 개인의 공간을 나오면 반대로 다른 이들이 문을 걸어잠그고 등을 돌린 공간을 만나게 된다. 지나가다가 갑자기 삐걱 문이 열리고 후닥닥 뛰쳐나오는 아이가 있는 곳. 사람의 향기가 담 너머로 느껴지는 곳. 그런 길이 골목의 자격을 갖는다.

 한 가지 잊지 말아야 할 것은 우리가 골목에 대해 갖는 환상과 호감은 이방인의 것일지도 모른다는 사실이다. 실제 그 골목에서 살아가는 사람들은 좁은 골목과 높은 계단들, 사생활의 침해로 인해 골목 가까이에 놓인 삶이 모두 피곤한 일상일 수 있다. 많은 도시계획가와 건축가, 정책 입안자들이 이 문제에 대해 고민을 하고 많은 시도를 했다. 결론은 나오지 않고 정답은 손에 잡히지 않으나 공론은 조금씩 만들어지고 있다. 도시 공간의 다양성은 존중되어야 하고 그로 인해 발생되는 이익과 불편은 공유해야 한다는 원칙, 그리고 도시는 사람을 위해 존재한다는 명제는 분명하다. 그런 생각을 바탕으로 제안과 시도들은 점점 더 실용적으로 발전하고 있다.

얼마 전 종로 피맛골*의 재개발에 대한 논의가 있었다. 대규모 개발의 당위성이 문화적 논리를 이길 수밖에 없었고, 거대한 건물 내부에 복도와 같은 아케이드를 만들고 그곳에 기존의 상권을 이식하고자 하는 노력이 타협점이었다. 피맛골의 기억을 가진 분들에게는 말할 수 없이 아쉬운 결과였을 것이다. 아무리 상권을 그대로 옮겨온다 하더라도 예전의 그 골목이 가지던 공기는 재현하기 힘들 것이다. 빈대떡에 배어 있는 아주머니의 손맛은 그대로일지라도 낯선 공간에서 빚어낸 빈대떡이 같은 빈대떡이라 할 수 없듯이 말이다. 세월이 만든 공간의 모습은 쉽게 복제될 수 없다.

스페인의 작은 산골 마을에 간 적이 있다. 이국적인 하얀 집들과 눈부실 정도로 선명한 나무의 녹색과 그 모든 것을 더한 깊이로 비추는 햇살이 있었지만, 무엇보다 반가웠던 것은 그 골목에서 이방인을 의식하지 않고 신나게 놀던 어린 여자아이였다. 조용한 골목길에 어울리는 배우 둘. 검은 머리의 이방인과 스페인 여자아이.

---

* 서울 종로구 종로에 있는 조선시대 골목길. 2009년 청진동 재개발로 600년간 서민의 애환이 서린 피맛골은 추억 속으로 사라지게 되었으나 서울의 전통 거리가 사라진다는 비판이 제기되었다. 이에 기존 개발된 지역을 제외하고 종로2가에서 종로6가에 걸쳐 있는 피맛골은 수복재개발구역으로 지정하여 예전 피맛골의 모습을 재현하기로 했다.

ⓒ명필름

언젠가 길을 잃어 걸어들어간 우리나라의 골목에서 키보다 훌쩍 큰 배낭을 메고 서투른 한국말과 영어를 섞어 쓰며 길을 묻는 외국인 청년을 만나고 싶다. 그가 세월 지나 그곳을 떠올린다면 나 또한 그 골목에 새겨진 친절하고 따듯한 모습으로 기억되기를 바란다.

스페인 골목에서.

| Essay |

강의실

반역을 꿈꾸다

영화에서 승민과 서연이 처음 만나는 공간은 영화 제목을 그대로 반영하는 '건축학개론' 수업시간이다. 교양 과목 수업들이 대부분 그렇듯 많은 학생을 수용할 수 있는 큼직한 계단식 강의실에서 '건축학개론' 교양 수업이 시작된다. 먼저 자리를 잡은 승민의 어깨 너머로 강의시간에 지각을 한 서연이 문을 벌컥 열고 들어오는 모습이 보인다. 학생들이 열린 문 쪽으로 고개를 돌리고 서연은 어색하게 머리 한쪽을 귀 뒤로 넘기며 많은 이들의 시선을 피해 황급히 자리를 찾아 앉는다. (왜 모든 청순한 이미지의 여자들은 머리를 귀 뒤로 넘기는 동작에 익숙하고, 우리는 그렇게 보이는 작은 귓바퀴에 가슴이 철렁 내려앉는 것일까?)

　서연의 등장에 자꾸 뒤를 힐끔거리는 승민. 그것이 그들의 첫 만남이다. 교수님의 강의 내용이 승민의 귀까지는 갔겠지만 그 속을 파고 들어 뇌까지 미치지는 못했을 것이다. 조금 전 본 긴 머리 소녀와 귀여운 귓바퀴가 승민의 머릿속을 방해하니까. 앞을 보고 있지만 보고 있는 것이 아니다. 모든 신경은 등 뒤에 쏠린다. 등에서 새로운 눈이라도 돋아날 지경이다.

ⓒ명필름

교실 또는 강의실은 그 공간의 쓰임새가 분명하고, 행동의 제약이 따라오는 공간의 대표적인 예이다.

정보의 제공자와 수용자 사이에 생기는 위계가 있고, 이 위계에 의해 시선의 방향성이 제시되며, 공간의 생김새 또한 이 방향성을 강화시키는 쪽으로 만들어져 있다. 앞사람의 머리에 시야가 걸리지 않도록 뒤로 갈수록 조금씩 단을 높이거나, 앞 열과 뒤 열의 의자를 반 폭씩 교차하도록 의자를 배열하고, 강단을 중심으로 반원을 그리며 좌석을 배치하여 정해진 공간의 크기에 최대한 많은 사람들의 시선이 무대나 단상 중심으로 향하도록 한다. 이런 공간의 쓰임새와 그것을 강화시키는 공간적 장치들 속에는 무척 단순한 의도가 숨어 있는데

모두 앞을 봐! 공간이 명령한다.

바로 '앞을 보라는 것!'이다. 만약 내 뒷좌석에 앉은 긴 머리의 여학생을 보려면 용기를 내 잽싸게 뒤를 돌아봐야 하고 나 말고 앞을 보는 많은 이들의 시선과 충돌해야 한다.

공간이 자신의 행동을 제약할 때, 즉 공간이 당신에게 이래라 저래라 할 때 우리에게 가장 쉽게 나타나는 반응은 이렇다.
지/루/하/다.
행동이 제약되는 모든 공간은 우리의 기억 속에 지루함으로 기억된다. 초·중·고등학교, 이리저리 다니던 학원, 교회오빠 보러 억지로 간 교회, 대학 강의실, 토플·토익 점수를 위해 다니는 외국어 학원, 군대, 민방위 훈련장 등등. 요즘은 그런 사무실이 많이 없어졌다고 하나 예전에는 직급별로 등을 돌리고 사원 뒤에 대리, 대리 뒤에 과장, 과장 뒤에 부장 이렇게 먹이사슬 같이 부하직원의 뒷모습을 바라봐야 하는 사무실의 구도가 일반적일 때도 있었다.

행동을 제약하는 가장 단순한 건축 형태는 감옥이다. 그 정도는 아니더라도 우린 이미 많은 공간들 속에서 익숙해진 대로, 또는 공간이 제시하는 대로 순순히 그 규칙에 맞춰 생활하고 있고, 가끔 이유 모를 갑갑함과 지루함을 번뜩 깨닫는 순간이 온다. 그래서 우린 그런 공간들 안에서 어떻게든 반역을 꿈꾼다.

교실과 강의실은 방향성을 가진 가장 쉬운 예일 뿐이다. 우리는 일상에서도 무의식적으로 어떤 곳을 바라보고, 바라보도록 강요받고, 이유 없이 일정한 방향성을 체화한다.

뉴욕에서 지하철을 처음 탔던 때의 기억이 난다. 지하철이 오고, 길을 잃지 않기 위해 행선지를 잽싸게 확인한 후 냉큼 올라탔다. 뉴욕의 지하철은 내가 경험한 서울의 지하철과 달랐다. 서울의 지하철보다 조금 폭이 작은 듯싶고 의자의 배열이 달랐지만 그것 말고 더 이상한 것이 있었다. 그건 나 말고 다른 이들은 창이나 문을 바라보지 않고 등을 기대 지하철 안쪽을 향해 서 있었다는 것이다. 내 기억 속의 서울의 지하철에서는 사람들이 내릴 문을 바라보면서 다른 이들로부터 등을 돌려 면벽하는 자세로 서 있었고, 모두 그런 방향성에 무의식적으로 동의했기에 이상함을 전혀 느끼지 못했다. 어떤 이는 뉴욕의 사람들이 더 사회적이거나 개방적이어서가 아니라 뉴욕의 거친 지하철 안에서 다른 이에게 등을 보이고 있는 것을 불안해하기 때문이라고 말했다. 언제 칼이 들어오고 지갑을 털어갈지 모르는 무법의 공간이어서라는 것이다. 어쩌면 내가 타는 지하철 안에서는 다른 이들에게 호기심이 가득한 사람만 탔거나 엉덩이에 심하게 자신 없는 이들만 있었는지도 모른다.

모든 이들이 왼쪽 의자에 앉아 자신의 차례를 기다리는 병원 복도에서 아무도 없는 오른쪽 의자에 혼자 앉는 것은 괜히 쑥스럽고 용기가 필요할 수 있다. 남들이 바라보는 방향을 바라보는 것. 알게 모르게 그렇게 강요되는 일상의 방향성은 생활 공간 곳곳에 숨어 있다.

획일화된 방향성을 말하기 위해서는 우리나라 주거의 높은 비율을 차지하는 아파트 이야기를 꺼내는 것이 자연스러울 것이다. 우리가 사는 아파트는 성냥갑 같다고 한다. 특히 몇백만 호 주택 건설이 정책의 목표였던 시기에 지어진 아파트들은 도시로 밀려오는 사람들을 수용하기 급급했기에 찍어낸 듯한 똑같은 외관과 배치를 가지고 있었고, 그래서 많은 비난을 받았다. 그래서인지 최근에는 네모난 모양새를 바꾸려는 시도가 많아졌다. 배치와 층수에서부터 꼭대기의 모양새, 색깔까지 다양한 시도들이 있었고, 심지어 여러 법 시행과 가이드라인들을 통해 다양성이 강제적으로 이루어지기도 했다. 하지만 어쩌면 아파트라는 공동주택의 형식이 가진 획일화의 문제는 외부가 아니라 내부에 있을 수도 있다. 내부 공간에 숨어 있는 강요된 방향성 말이다.

  오랜 시간 발전을 거듭한 현재 한국의 아파트 구조는 세계 최고의 효율성과 최적화된 환경을 자랑한다. 한정된 면적에서 여기저기 수납공간을 만들어내고 전 세대가 남쪽을 바라보는 배치를 가지며, 다양한 주민편의시설을 갖춰 제한된 크기의 땅 안에서 보다 많은 사람에게 높은 주거 환경의 질을 제공한다.

  여름에 시원하고 겨울에 따뜻하면서도 이렇게 많은 사람들을 고른 환경의 질 속으로 때려넣을 수 있는 주거 시스템은 없을 것이다. 질 좋은 주거 환경에 대한 추구와 균일한 공간 배분의 문제가 건설 과정의 효율성과 만나는 지점에서 아파트 공간 구조가 결정된다. 가장 많은 세대수가 들어가도록 각 동의 배치가 끝나면 각 평형대별로 최적의 평면이 만들어지고 그다음은 주루룩 몇 층이건 위로 쌓으면 끝난다. 아래층의 모든 공간은 위층과 똑같다. 조금 더 들여다보면 모든 것이 이미 결정되어 있음을 알 수 있다.

하늘에서 바라본 서울의 아파트들.

웬만큼 큰 평형대의 집이 아니라면 안방에 침대를 놓을 자리와 거실에 텔레비전과 소파를 놓을 자리가 미리 다 정해져 있다. 방의 창문과 붙박이장의 문 열림을 피해 침대를 놓다보면 대안이 거의 없다. 텔레비전을 다른 곳에 놓고 싶어도 마땅치 않다. 축구 국가대표 경기라도 하는 날이면 그 많은 이웃들이 식구가 많건 적건 치킨을 뜯으며 일제히 한쪽 벽면의 텔레비전을 보는 모습은 놀랍기만 하다.

아파트라는 주거 형태가 우리의 삶의 모습을 획일화시킨다면 그것은 내부 공간이 가지고 있는 일정한 방향성 때문이다. 심하게는 서로 다른 장소에 있는 다른 설계자와 시공회사가 만들어낸 아파트라도 거실의 형태와 방향성은 동일하다. 앞에 보이는 벽에 텔레비전, 등 뒤로 소파를 놓는 벽, 옆으로 거실의 창, 나머지 한쪽으로 주방을 배치시키면 아무리 다른 벽지와 마루를 깔아놓아도 근본적인 공간의 쓰임새가 달라지지 않는다. 많은 연구와 소비자의 피드백을 통해 만들어진, 다수를 만족시킬 수 있는 최적의 구성일 수는 있다. 그런데 모든 면에서 최적화된 것의 가장 큰 단점은 나 말고도 다른 모든 이가 그것을 선택한다는 것이다. 그것 안에서 만족한다면 문제가 되지 않지만 앞에서도 말했듯이 우린 남들과 같은 내 모습에 가끔 욱하고 지루해한다는 것이 문제다.

삶의 모습은 내가 몸을 움직이며 만들어내는 궤적과 공간 안에 내 몸을 위치시키는 하나하나의 작은 행위들의 연결로 만들어진다. 개개인의 다양한 삶의 모습을 공간 안에 새겨넣으려면 그 공간이 다양

똑같은 주거 환경 속에 갇힌 삶의 모습.

하게 활용될 수 있는 유연성을 가지거나 맞춤옷처럼 각각의 개성을 반영하여 만들어져야 한다. 요즘은 점점 더 많은 이들에게 똑같이 최적화된 삶의 공간이 아니라 나 또는 우리 가족만을 위해 최적화된 공간에 대한 욕구가 커지고 있다. 누군가 이미 결정해놓은 공간이 아닌 내 삶의 모습과 딱 맞아 떨어지는 집. 요즘 아파트가 아닌 내 집 짓기가 대중의 관심을 불러일으키는 이유이기도 하다.

그렇다고 보편성의 공간을 떠나 나만의 삶을 찾는 선택은 쉬운 일이 아니다. 당장 당신만을 위한 집을 짓는다는 것은 쉽지 않다. 그래도 우리가 무심코 받아들이는 공간에 대한 '반역'을 저질러볼 만하다. 한 방향을 강요하는 강의실에서 고개를 돌려 뒷자리의 여학생을 원하는 만큼 보고 싶고, 최적화된 가구 배치의 정답을 말해주는 모델하우스 속의 삶이 아니라 자신만의 삶을 표현하며 살아보는 것이다.

많은 건축가와 디자이너들이 일반적이고 보편화된 최적의 대안을 뒤틀어 새로운 아이디어를 찾는다. 나를 둘러싼 공간이 나에게 강요하고 있던 것을 어기는 순간 나만의 삶의 모습이 짠하고 나타날 수 있다. 지금까지 정답이라 여겨왔던 것을 뒤집어볼 때 그동안 모르고 있던 즐거움과 만날 수 있다. 처음엔 낯설고 어설퍼 보이고, 다른 사람들의 무차별 공격을 감수해야 할지도 모르지만 모험에는 항상 약간의 댓가가 있게 마련이다.

만약 구두에 붙은 오래된 껌을 발견했을 때처럼 반복되는 삶에 갑자기 짜증이 나고 뭔가 변화가 필요하다면, 남들이 정해놓은 삶의 궤적에서 한 번쯤 튀어나가고 싶다면 공간 안에서 우리가 살고 있는 공간의 방향성을 바꾸어보는 것도 좋은 방법이 될 수 있다. 최적의 배치는 항상 있다. 그건 정답이다. 하지만 정답은 자주 우리를 지루하게 만든다.

공간의 효율성 따위는 잠깐 잊어버리자. 아무리 찾아도 설명서에는 책상은 벽에 붙이는 것이라고 써 있지 않다. 다만 그렇게 우리가 해왔을 뿐이다. 누가 뭐라 해도 하고 싶은 대로 가구를 옮기고, 안 보던 곳을 바라보기 위해 노력해보자. 침대를 창문 앞으로 놓고, 거실 한가운데에 식탁을 옮기고, 현관에 작은 의자를 가져다 놓아본다. 건축가와 건설회사가 공간 여기저기에 정해놓은 최적의 이용방법들을 어기고 삐딱선을 타보는 것에서 자신만의 공간이 만들어질 수 있다.

나름 소심하게라도 반역을 꿈꾸는 시도에서 정말 자신에게 맞는 공간을 찾을 수도 있다. 다만 필요한 것은 약간의 용기와 조금 흘릴 땀 정도이니 그렇게 해본들 잃을 것은 없는 게임이다.

Part 1 사람을 담은 공간, 건축학개론

| Essay |

계단

아웃사이더의 공간

영화에 등장하는 '납득이'는 주인공 승민이의 젊은 날을 옆에서 지켜보는 친구이자 첫사랑의 고비마다 자신의 선행 학습에서 우러나오는 순도 높은 조언을 제공하는 컨설턴트이다. 누구나 첫사랑은 있고, 그 첫사랑의 고민을 들어주던 친구가 하나쯤 있다.

그 어려운 사랑의 게임 속에서 방황하는 자가 고민을 들어주는 자를 만나 어디선가 의논을 해야 한다. 남들에게 떠벌릴 수 없거나 다 이야기하고 싶지 않은 것을 비밀스럽게 친구에게 이야기해야 할 때 사람이 없는 곳, 조용한 장소가 필요해진다. 승민은 납득이가 대학 재수 공부를 위해 다니는 동네 독서실 옆 계단에서 첫사랑의 고민들을 털어놓는다. 동네의 골목길 위쪽에 위치한 높은 콘크리트 계단은 둘이 나란히 앉아 이야기를 나누기에 충분한 폭이다. 이곳에서 납득이가 분주하게 풀어놓는 연애학개론 위로 전봇대에 달린 가로등이 노란 빛을 뿌린다.

계단은 원래 높이를 극복하기 위한 발명품이다. 많은 발명품들이 조금 더 편하고자 하는 인간의 본능에서 나온 결과물이고, 계단은 본연의 존재 이유에 아주 충실하다. 한 층 높이를 계단 외의 방법으로 (밧줄이나 사다리도 괜찮겠다) 올라간다고 생각하면 계단의 유용성에는 금방 동의하게 된다. 물론 그후 몸을 조금이라도 덜 움직이려는 인간의 게으름은 엘리베이터와 에스컬레이터 등을 발명했고 이로 인해 고층 빌딩이 생겨나는 등 계단의 역할은 많이 축소되었다. 하지만 여전히 계단은 가장 기본적인 높이 극복의 공간 장치이다.

계단의 모습이 만들어지는 데에는 약간의 수학이 숨어 있다. 계단의 가파름 정도는 계단을 이루는 한 단의 높이와 발이 딛는 디딤판의 폭으로 결정된다. 하나의 연속적인 계단에서 단의 높이와 디딤판의 폭은 모두 동일하게 만드는 것이 원칙이다. 갑자기 단의 높이가 변하거나 폭이 줄어들면 무의식중에 발을 헛디딜 수 있다. 잘못 만들어진

©명필름

계단에서 중심을 잃어 휘청해본 기억이 모두 한 번쯤은 있다. 그것은 전날 회식의 숙취가 덜 가셔서가 아니라 마지막 단의 높이가 갑자기 낮아지거나 디딤판의 폭이 미세하게 다르기 때문이고, 이 차이를 우리의 몸이 민감하게 느끼기 때문이다. 이렇게 계단은 인간의 몸과 가장 밀접하게 연관되어 있는 장치이기도 하다. 일반적인 계단 한 단의 높이는 13센티미터에서 21센티미터 정도 안에서 결정된다. 너무 낮으면 오히려 발이 걸려 넘어질 수 있고, 너무 높으면 등에서 땀이 나기 시작한다. 디딤판의 폭은 보통 약 22센티미터에서 30센티미터 사이인데 보통 27~28센티미터 언저리에서 결정된다. 디딤판의 폭은 사람의 발 크기와 보폭과 관련이 있는 치수로서 너무 넓으면 한 걸음에 다음 단으로 올라서기 힘들고, 너무 좁으면 계단이라기보다 사다리의 형태에 가까워지는데 하이힐을 신고서는 똑바로 내려올 수 없는 계단이 된다.

장소에 따라 계단의 너비, 계단의 단 높이와 디딤판의 폭은 달라진다. 유치원의 계단과 사무실의 계단, 맨발로 다니는 이층집의 계단과 많은 사람이 천천히 거니는 공원이나 박물관 앞마당의 외부 계단이 같을 수 없다. 건축가들은 공간을 새롭게 경험할 수 있는 공간 장치로서 인간의 몸과 밀접한 계단을 이용하기 좋아한다. 건축 공간을 수직적으로 가로지르는 요소이면서 강한 방향성을 만들어내는 장치이며, 여러 가지 재료와 디테일을 적용하여 다양한 모습을 만들어내기 때문이다.

건축가들이 사랑하는 계단의 또 다른 부수적 용도는 엉덩이를 붙일 수 있는 장치란 것이다. 사람의 발을 놓을 수 있는 정도의 폭이면 잠시 앉을 수도 있다. 잠시 신발을 들어 엉덩이에 대보면 금방 알 수 있다. 계단의 경사는 윗단에 엉덩이를 붙이고 아랫단에 발을 놓는 것을 매우 자연스럽게 만들어준다.

국립중앙박물관 계단.

이곳에 머물러 누군가와 대화를 하게 되면 재미있는 관계가 형성된다. 계단의 경사 때문에 자연스럽게 극장의 세팅이 만들어져서 낮은 곳을 바라보고 앉게 된다. 여기 나란히 앉게 되면 서로 소곤소곤 떠드는 관객의 모습이 되고, 한 명이 앉고 한 명이 아래쪽에 서 있게 되면 관객과 배우의 관계가 만들어진다. 보는 자와 보이는 자의 위계가 자연스레 결정되는 것이다.

영화에서처럼 누군가의 연애 상담이 계단에서 이루어지고 있다. 한 명은 설명을 하고 한 명은 침을 튀겨가며 훈수를 둔다. 그러다가 상담 받는 자가 괴로움의 절정을 토로하면 들어주던 이가 같은 방향을 바라보며 어깨를 감싸 안고 계단에 나란히 앉는다. 위로가 필요한 타이밍에 가장 적절한 자리배치이다. 어느 정도 결론에 도달하면 계단에서 벌떡 일어난다. "자, 소주나 한 잔 하자!" 그리고 계단을 내려간다. 고민을 가진 자와 그 고민을 들어주는 자에게 이보다 좋은 공간도 없다.

계단은 본래 흘러가는 통과 공간이고, 위와 아래로 이동하기 위해 존재하는 움직임의 공간이다. 이런 동적인 공간을 점유하고 머무를 때 새로운 공간의 쓰임새가 생긴다. 그 쓰임새는 다른 머무르는 공간에서 이루어질 수 없는 비밀스럽고 배타적인 기능이 있다. 어느 정도 규모가 있는 건물은 엘리베이터와 가까운 주계단 외에 위급한 상황을 위한 여분의 계단을 두도록 되어 있다. 대부분의 경우 이 계단은 건물의 외진 곳에 있고, 평소에는 잘 쓰지 않는다. 건물 전체를 보면

컬럼비아 대학 계단.

건물의 숨은 공간, 계단은 위로의 공간이기도 하다.

평상시에 이용하지 않는 여분의 공간인 셈이다. 고민과 상담, 자신만의 여유를 위해 찾을 때 더할 나위 없다. 직장 상사나 선배 욕을 하거나 버릇없는 후배에게 주의를 줄 때 불러내는 공간이다. 금연 빌딩에서 굳이 담배를 피겠다고 가는 곳이기도 하며 상사에게 혼나고 눈물을 확 쏟아내는 곳이며 교복 커플이 도저히 끓어오르는 사랑을 못 참고 숨어 들어가 뽀뽀를 나누는 곳이다.

직상 상사의 눈을 피해 비상계단에서 책을 읽은 적이 있다. 대학을 졸업하자마자 취직한 건축설계사무소 말단 직원 시절 때이다. 끝도 없이 계속되는 야근에 지쳐갈 무렵, 퇴근길 지하철에서 볼까 싶어 소설을 샀다. 아마 가브리엘 가르시아 마르케스의 『백년 동안의 고독』 아니면 무라카미 하루키의 『양을 쫓는 모험』이었을 것이다. 그리 문학을 사랑하는 청년은 아니었고, 일 년 동안 제대로 읽는 책의 숫자가 손으로 꼽을 정도의 건조한 생활을 할 때였지만 일이 힘든 만큼 책을 읽는 순간은 현실 도피의 순간이었고 마르케스나 하루키의 소설에 나오는 초현실적 세계는 현실을 잊고자 할 때 딱 맞는 휴식처가 돼주었다. 야근을 위해 저녁을 먹고 들어와서 20~30분 동안 믹스 커피를 들고 비상계단에 앉아 책을 읽었다. 지친 청춘이었던 그때의 나에게는 비상계단은 다른 세계로 연결되는 웜홀 같은 곳이었다.

건물 밖으로 나와 혼자 도시를 방황할 때도 계단만큼 좋은 쉼터는 없다. 야외 계단은 항상 길과 연결되어 있고, 사람들이 항상 오간다. 잠시 캔커피 한 잔에 다리를 쉬면서 하는 사람 구경은 도시 방황의

백미이고, 계단은 완벽한 관람석이다. 나는 앉아 있고, 쉴 새 없이 새로운 배우들이 등장했다가 사라진다. 지나가는 사람들 속에서 옛 여자친구의 닮은꼴을 애써 찾고, 즐거운 연인들을 보고 헤어지기까지의 유효기간을 계산해주며, 요즘 유행하는 패션의 흐름을 머릿속에 스크랩한다. 오드리 헵번이 〈로마의 휴일〉에서 그녀에게만 허락된 머리 스타일을 하고 귀여움을 발산할 때 뒤로 보이던 '스페인계단'. 그 계단처럼 관광객들이 까마귀 떼처럼 앉아 있는 계단 앞을 지나갈 때면 오드리 헵번이 된 듯 남들의 시선을 즐길 준비도 되어있어야 한다.

지형의 높낮이 차이가 많은 서울의 골목에는 그만큼 계단이 많다. 길게 뻗은 삼청동 길의 동쪽 편은 가파른 지역이어서 사람들이 많이 다니는 주도로와 직각으로 만나는 작은 골목들은 경사가 제법 급한 계단들로 이루어져 있다. 이곳에 앉으면 삼청동 길은 계단 저 아래 골목 양옆의 건물 담벼락에 의해 카메라 뷰파인더 속 전경처럼 잘려 보인다. 카메라 안으로 갑자기 행인이 등장하고 순식간에 사라져 버린다. 나는 멈춰 있고 세상은 획획 지나간다. 이런 작은 계단에는 나 이외에도 먼저 자리를 차지하고 앉은 녀석들이 있게 마련이다. 계단 틈새를 파고들어 기어이 머리를 내밀고 마는 작은 잡초들과 화초가 뽑힌 채 내놓아진 오래된 화분들. 이런 녀석들은 이웃하기에 소란스럽지 않아 좋다. 가파른 계단은 도시를 관조하는 나만의 장소가 되어준다.

앞에서 말했듯, 계단은 원래 오르내리는 목적을 위해 태어난 공간

삼청동 계단에 앉아 사람들을 바라본다.

장치이다. 삶의 많은 순간에 우리는 올라가고 또 내려가는 경험을 하며 기쁨과 슬픔을 한 계단 한 계단 밟아 나간다. 너무 높은 곳에 힘겹게 오를 때, 어지러운 높이에서 이제는 내려오고 싶을 때 계단은 잠시 엉덩이 붙이고 쉬어갈 수 있는 곳이라는 걸 생각하도록 하자. 지친 다리를 잠시 쉬게 하는 것은 우리 삶에서 꼭 필요한 부분이니까.

ⓒ명필름

Part 1 | 사람을 담은 공간, 건축학개론

| Essay |

공항

거대한 공간 이동 장치, 비일상의 공간

승민, 서연의 제주 공항

        서연은 오래전 대학친구인 승민을 찾아와 제주도 집 설계를 의뢰한다. 건축가가 설계를 의뢰받았다면 대지에 가보는 것이 당연한 다음 순서이다. 그런데 같이 갈 건축주가 여전히 아름다운 옛 첫사랑인데다가 가야할 곳이 제주도라니! 차를 타고 두세 시간 거리를 훌쩍 다녀오는 것과는 도저히 같을 수가 없다. 비행기를 타고 하늘로 올라가야 하니까. 비행기를 타고 십오 년 전 첫사랑과 제주도를 간다. 도대체 이 상황을 일상적이라고 여길 수 있는 사람이 누구일까.

   영화에서는 제주도로 향하는 비행기를 탄 승민과 서연의 모습은 보여주지 않는다. 아마도 그들은 공항에서 만나서 비행기표를 받고 검색대를 통과해서 나란히 비행기 옆자리에 앉았을 것이다. 한 시간도 안 되는 시간이지만 무슨 이야기를 할 수 있을까. 옛사랑과 갑자기 만나 비행기를 타다니. 아무리 쿨하려 해도 냉정해지기 힘든 어색한 순간일 것이다. 승민이 결혼한 건축가였으면 아내에게 반드시 거짓말이 필요한 이벤트다.
   "아 글쎄, 제주도에 집을 짓겠다는 뚱뚱하고 돈 많은 아저씨가 이번 주말에 굳이 같이 땅을 보러 가자네?"

   공항은 내가 무척 좋아하는 장소 중 하나다. 예전에 좀 더 큰 회사에 다닐 때는 해외 건축 프로젝트가 꽤 있어서 출장의 기회가 심심찮게 있었고, 며칠 안 되는 출장 스케줄에 나름 가장 최적화된 짐싸기 노하우를 발휘해서 가방을 챙겨 훌쩍 공항으로 향하곤 했다. 표를 바꾸고 짐을 부치고 검색대를 거쳐서 나를 공중에 띄워줄 비행기가 아직 땅 위에서 숨을 고르는 동안 다른 이들과 함께 긴 의자 한 편에 앉아 게이트가 열리기를 기다리는 순간을 즐기곤 했다. 바다를 건너 이곳저곳 싫증날 정도로 날아다니는 사람들이 많아졌지만 그에 반해 일 년에 한두 번 비행기를 탈 수 있을까 말까한 나에게는 여전히 공항은 동경의 장소이다.

공항 패션 이야기

요즘 인터넷 기사에서는 누구누구의 '공항 패션'이라며 연예인의 공항 나들이 차림새가 쉴 새 없이 기사화된다. 공항 패션은 패션의 독특한 분류로서 명명된 것인데 그것은 옷과 액세서리의 본질적 차이에 대한 분류가 아니라 그 패션이 소화되는 장소에 의한 분류이기 때문에 그 어느 카테고리보다 느슨하고 관대한 용어인 셈이다. 무엇을 입던 공항에 가면 공항에서 입고 있는 옷이 공항 패션이다. 물론 잘 입고 못 입고, 어울리고 처절하게 촌스러운 것은 다른 문제이겠지만. '공항'은 건축적 분류 속에서도 꽤 독특한 존재이다. 교통시설 또는 사회적 생산 기반의 영역 속에 속하는 시설로 아무나 아무 곳에서나 짓고 싶다고 지을 수 없는 것들 중 하나이고 이 분야의 설계와 시공을 하는 사람들도 특화되어 있다. 대체 왜 이 거대하고 시원하고 천장 높은 건축 공간에서의 패션에 우리가 이토록 신경 쓰고 있는 것일까?

특정한 행위와 이벤트가 일어나는 공간 또는 장소에는 그곳에서 적합한 옷은 이런 것이라고 관습적 합의가 이루어지고, 오랜 세월동안 반복되며 다듬어지고 지켜져온 사회적인 복식에 대한 약속들이 있게 마련이다. 장례식엔 검은 옷을 입고, 종교적 회합에서는 노출 심한

옷을 피하며, 결혼식에서는 드레스와 턱시도를 입는다. 이것은 장례식장과 교회 또는 절과 결혼식장에서 하는 행위가 특정화되어 있고, 여러 사람이 함께 행위를 반복적으로 하게 되면 하나의 의식이 되어진다. 의식 안에서 행위의 순서와 행동의 범위와 태도가 정해지고, 이에 따라 입어야 할 옷도 정해지는 것이다. 공항 패션이 화제가 되는 것은 공항에 가는 것, 그리고 공항에서 이루어지는 일 자체가 사회에서 중요하게 생각되거나 사람들이 동경하는 이벤트라는 이야기이며, 의미를 부여받은 일종의 의식과 같은 것이라고 볼 수 있다. 공항에서 일어나는 의식의 핵심은 비행기를 타고 다른 경계를 넘어가는 일이다.

공항 패션이라는 이야깃거리의 중심엔 이런 것이 있다. 우리가 꿈꾸는 대상인 연예인, 아이돌 들이 있고, 그들이 공항에 가서 비행기를 타고 어딘가로 떠난다. 행위의 주체인 아이돌도, 어딘가로 떠난다는 행위도 지금의 나의 모습과 현재의 일상과는 반대 지점에 있다. 그들이 어딘가로 떠나기 위해 공항에 나타나고 나름 편하고 신경 안 쓴 듯 입은 옷이 이슈가 되는 것이라면 (주로 비행기를 타고 가는 곳은 해외일 것이고 언제나 바다를 건너간다는 것은 일상과는 가장 거리가 먼 이야기다) 그건 우리가 어디론가 떠나고 싶어하는 무의식을 절묘하게 매스미디어가 이용하고 있는 것일지도 모른다. 어쩌면 그 모든 기사들과 사진들 뒤에는 여행업체와 패션 산업의 교묘한 거래가 끈끈한 거미줄처럼 숨어 있을 것이다. "어때, 이렇게 입고 저들처럼 해외로 훅 달아나고 싶지 않아?"라고 속삭이면서.

공항은 문

어디론가 떠난다는 것은 누구에게나 가슴 뛰는 것이다. 익숙한 것들을 멀리하고 낯선 것들을 만나러 가는 것. 우리가 어딘가에서 지름신의 강림을 받아 팍팍한 지갑을 열어 무언가를 과감하게 사는 행위에도 이런 욕망이 숨어 있다. 내가 가까이 하지 않던 것을 가까이 하는 것. 내 옆에 없던 것을 내가 가지고 소유하고 경험하는 것. 여행의 핵심 또한 이런 것이다. 지금 있는 곳보다 더 익숙한 곳으로 가는 것은 여행이라 할 수 없다. 여행은 낯선 장소에서 낯선 사람들을 만나러 가는 것이고, 공항은 그런 여정이 시작되는 거대한 게이트이다.

공항이라는 시설은 건물이라기보다는 거대한 문이다. 도시와 도시 사이에 존재하는 통과 공간인 것이다. 도시의 문으로서 기능을 발휘하는 공항은 정작 도시의 외곽에 위치한다. 공항에 가기 위해서는 도시 안에서도 여정이 필요해진다. 도시의 끝을 찾아가야 다른 도시로 향하는 문을 만나게 된다. 도시를 떠나는 이 긴 여정은 지도 위에 선과 관문들로 표시되고, 그 끝에 공항이 위치한다. 각 도시들은 과거에는 성벽을 높고 튼튼하게 쌓는 것에 노력을 기울였다. 외부의 위협에서 문을 걸어잠그고 내부에서 얻을 수 있는 것들에 만족하며 자신들의 정체성을 지키는 것이 중요했다.

이제는 모든 도시가 점점 더 큰 문을 만들어 밖의 세상을 안으로 끌어들이고, 그만큼 밖으로 나가는 것에 심혈을 기울이고 있다. 그러기에 도시의 관문으로서 공항의 가장 큰 역할은 문을 어떻게 걸어 잠글 것인가가 아니라 어떻게 더 많은 사람과 물류들을 끌어들일 것인가가 관건이 되었다. 들어오는 사람들을 제한하는 검열의 기능보다 좀 더 많은 이들을 관문으로 끌어들이는 자석의 역할을 하려 노력한다. 더 많은 비행기가 이착륙할 수 있도록 활주로와 터미널을 확장하고, 더 많은 편의시설을 공항 안에 만들며, 대기 시간과 입출국 수속을 최적화하고, 물류 시스템을 개선해서 경쟁력을 얻으려 한다.

공항은 기다림의 공간

공항은 그 모습 자체로도 일상생활의 공간보다 낯선 모습을 가지고 있다. 공항은 우선 일상에서 우리가 경험하는 공간의 크기를 훌쩍 넘어선다. 집의 층고가 보통 2미터에서 3미터 사이이고, 사무실의 층고가 4미터 남짓임을 생각할 때 (실제로 천장까지의 높이는 더 낮다. '층고'는 아래층 바닥에서 위층 바닥까지의 높이를 말하고 '천장고'는 바닥에서 머리 위 천장까지의 높이를 말한다. 일반적으로 사무실 등의 공간에서 천장 속에는 여러 설비와 구조가 숨어 있기에 천장고는 층고에 비해 낮게 마련이다) 공항의 천장은 꽤나 높다. 수평적으로도 도시의 한 블록보다도 크고 그 안에 식당, 편의점, 은행, 사무실, 병원에 목욕탕까지 웬만한 시설들은 모두 들어가 있다.

일반 사람의 눈에 띄지 않는 기능 위주의 시설까지 포함하면 하나의 도시라고 말해도 좋을 정도가 된다. 이렇게 거대한 규모의 시설

안에서 한 도시에서 일어날 법한 모든 일이 일어나지만 결국 공항의 가장 중요한 핵심 기능은 '기다림'이다. 공항은 비행기를 타기 위한 사람들을 위한 공간이다. 비행기는 스케줄을 따라 뜨고 내리며 그 시간에 맞춰 사람들은 비행기 시간을 기다린다. 기다리는 동안 밥을 먹고, 편의점에서 챙기지 못한 여행용품을 사며, 은행에 가서 돈을 찾는다. 먼 길을 떠나기 전에 멈춰 있는 머무름의 공간이다.

출국 수속을 하고 비행기에 오르기까지의 모든 과정 또한 치밀한 계획에 의해 이루어지고 연결되는 기다림의 연속이고 이를 위해 공간의 모습은 결정된다. 좌석을 배정받고 짐을 부치기 위한 공간은 단위 시간에 소화할 수 있는 사람들의 줄의 길이를 미로처럼 접어놓았을 때를 생각해서 만들어지고, 각 게이트 앞에는 한 비행기에 탈 수 있는 사람들의 수만큼 긴 의자들이 촘촘히 놓여진다. 사람들은 공간의 모양새와 쓰임에 따라 모이고, 한 줄로 서서 좁은 문을 통과하며 다시 흩뿌려짐을 반복한다.

떠나는 자의 기다림은 이렇게 거쳐야 하는 과정들로 채워지지만 누군가를 떠나보내는 사람은 공항에서 또 다른 종류의 긴 기다림을 만나게 된다. 한편 어떤 이들에게는 자동문을 열고 나오는 사랑하는 이를 만나는, 기다림의 끝을 만나는 공간일 수도 있다. 출장 다녀온 아빠를 기다리는 아이, 해외 공연을 마친 아이돌을 비명으로 마중하는 팬클럽 회원, 침침해진 눈으로 오래전 이민 간 동생이 들어올 입국장 게이트를 응시하는 할머니에게는 그동안의 외로움과 기다림을 모두

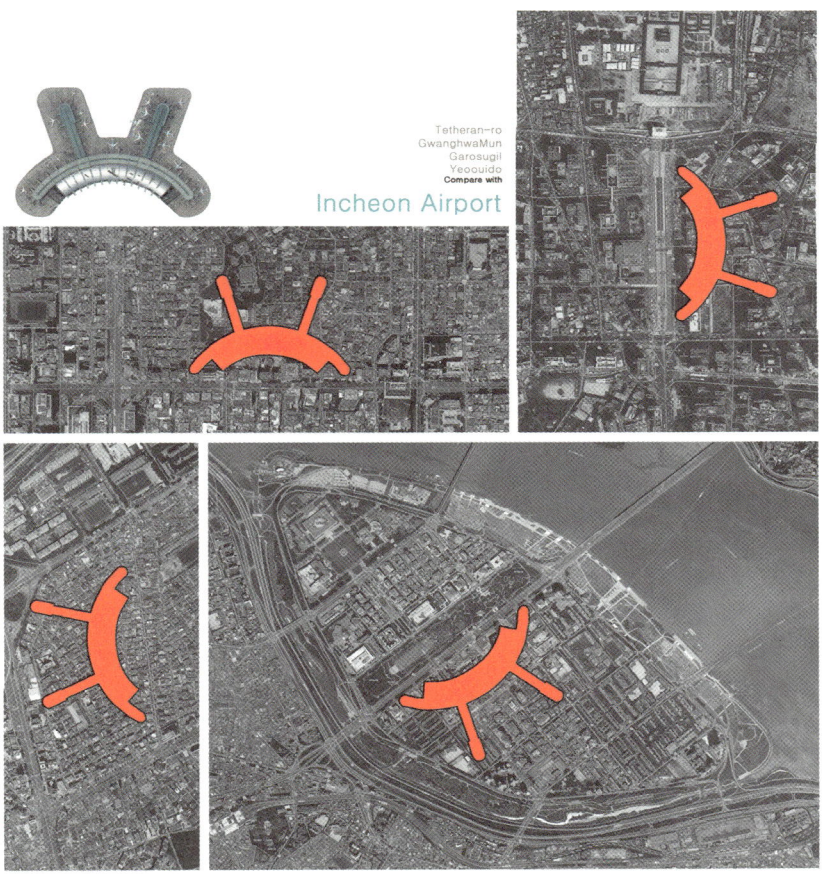

테헤란로, 광화문, 가로수길, 여의도, 면적 대비 인천공항의 스케일 비교.

보상해주고도 남을 기쁨이 기다리는 곳이다.

영화 〈러브 액추얼리Love Actually〉의 마지막 장면이 기억난다. 음악이 흐르고 엔딩 크레딧이 올라갈 때 영국의 히드로 공항의 게이트 앞에서 서로 얼싸안는 사람들의 따듯한 모습들이 반복되어 화면에 깔린다. 이렇게 감정이 덮여 씌워지면 공항은 도저히 일상의 공간일 수가 없다. 공항은 기다림의 시작과 끝이 있는 비일상의 공간이다. 지하철 타듯이 비행기를 타고 다른 나라를 떠돌며 마일리지만으로도 세계일주를 할 만한 사람은 어쩌면 조금 불행할지도 모르겠다. 이들에게는 이렇게 강렬한 비일상의 공간이 지루한 일상이 되어버렸을테니까 말이다.

여러 개의 문과 기다림의 장소가 결합되어 공항은 거대한 공간 이동 장치가 된다. 탈것과 머물 곳이 결합된 하나의 정밀 기계다. 몇 개의 문을 거치면 당신이 의식하지 못하는 사이, 세상 반대편으로 들어선다. 공항은 일상의 경계 저 끝에서 다른 세계로 가는 신비한 문처럼 우리 앞에 놓여 있다.

ⓒ명필름

| Essay |

대문

안녕, 나의 세계

　　　　　　영화에서 대학생 승민은 같은 동네에 살다가 강남으로 이사를 가는 서연에 대한 섭섭함과 그런 서연에게 작업을 거는 강남 오빠인 과 선배에 대한 열등감이 범벅이 되어 짜증이 난다. 집에 들어온 승민은 과 선배에게 비웃음을 산 짝퉁 티셔츠를 마당에 패대기치며 어머니에게 다짜고짜 강남으로 이사 가면 안 돼나며 짜증을 폭발시킨다.

땅바닥에 널부러진 티셔츠를 주워 아까운 듯 묻은 흙을 털어내는 어머니의 모습은 승민에게 벗어나고 싶은 자신의 현재이며 대문 밖 어딘가 더 좋은 세상으로 탈출하고 싶은 비루한 현실이다. 자신의 분을 못 이긴 승민은 철제 대문을 냅다 걷어차며 밖으로 나간다.

오랜 시간이 지나 삼십대 중반이 된 승민은 결혼을 하고 오랫동안 어머니와 살던 집을 벗어나 뉴욕으로 멀리 떠나게 된다. 어머니가 내민 손때 묻은 통장에 착잡해진 승민은 대문 밖에 앉아 담배를 피다가 자신이 발로 차 찌그러진 대문 귀퉁이를 발견한다. 피던 담배를 입에 물고 낑낑 힘을 쓰지만 녹슨 철문은 구겨진 그대로다. 승민은 결국 그곳에 털썩 주저앉아 울음을 삼킨다.

건축 요소 중에 문은 매우 독특한 요소이다. 건물을 이루는 대부분의 요소들은 움직이지 않는다. 벽, 천장, 바닥, 지붕 등 건축의 요소들은 그 자리에 굳건히 서서 말없이 자신의 일을 하는 것들이다. 하지만 문은 경첩을 가지고 열리든, 레일 위에서 밀려 열리든 움직이면서 공간을 나누고 연결하는 자신의 역할을 하는 특이한 녀석이다. 창문 또한 열리고 닫히며 빛과 공기와 바깥의 풍경을 안으로 들이는 비슷한 역할을 한다. 하지만 문이라는 존재는 우리의 몸이 통과한다는 것을 전제로 한다. 이곳에서 저곳으로 문을 열고 넘어간다는 것은 온 몸으로 문의 존재를 경험하는 것이라서 좀 더 인간의 육체에 가까운 건축 요소이다.

ⓒ명필름

문이라는 것은 열리고 닫힘을 반복하며 나의 세상과 벽 너머 세상 사이에 있는 유일한 통로이자 칸막이가 된다. 우리는 세상의 위험으로부터 보호받기 위해 담과 벽을 쌓고, 나를 위한, 가족을 위한 공간을 만든다. 그리고 그 벽을 사이에 둔 두 세계를 넘나들기 위해 문을 만든다. 저 너머 바깥세상에 부는 바람은 문을 꼭꼭 걸어 잠그고 안에 있는 것이 더할 나위 없는 위안이 될 정도로 험하고 거칠다. 그렇다고 안에만 있을 수는 없다. 문틈 사이로 바깥을 염탐하다가 기어이 우리를 전혀 다른 세상으로 데려다줄 것만 같은 기대감으로 용기 있게 문을 열고 문턱을 넘는다. 문턱을 넘는 순간 우리는 세상으로 발을 내딛는다.

하지만 모든 종류의 반복은 우리의 감각을 무디게 만들어버린다. 우리는 문을 열고 닫는 것에 너무 익숙해지고 문을 넘는 것, 그 너머의 세계까지도 흥미진진할 것 없는 지루함을 느낀다. 매일 집의 대문을 열고 닫는다. 익숙해질 만큼 익숙해졌기에 기계적으로 신발을 신고, 옷매무새를 고치며 덜 깬 잠 속에서 집을 나선다. 어느 것 하나 즐겁고 흥분할 꺼리라곤 없다. 많은 이들이 정해진 시간에 일제히 대문을 열고 집을 나서 직장으로 향한다. 저녁이 되면 지친 몸을 이끌고 똑같이 생긴 대문 위에 새겨진 숫자로 자신의 공간을 겨우 확인하며 문을 열고 가족의 얼굴을 마주한다.

온통 연한 미색 또는 회색으로 칠해진 같은 빛깔의 아파트의 방화문은 그 생김새만으로도 하품이 나오게 만든다. 수십, 수백 개의 똑같은 문으로 드나드는 사람들. 그 안에 따스한 나만의 공간과 가족이 있다고 해도 대문을 열고 드나드는 행위에서 특별한 감정을 느끼는 것은 쉽지 않다.

 아파트 대문에 페인트를 칠해본 적이 있다. 처음 신혼집이 생겼을 때 괜한 객기로 인테리어를 직접 하기로 했고, 직장 다니는 틈틈이 저녁 시간과 주말 시간을 바쳐서 천장을 뜯고 벽에 페인트를 칠했다. 어설프고 온몸의 근육이 고생하는 과정에다가 비용도 초과되는 효율성 제로의 작업이었지만 내 손으로 내가 살 집을 꾸며야 된다는 생각은 이성적 판단을 마비시켰다.
 벽에 페인트를 다 칠할 무렵 집의 모습을 보니 별로 달라진 게 없어 보였다. 그래도 건축을 하는 사람인데 열악한 예산으로 크게 손댄 것이 없으니 그럴 수밖에. 그때 갑자기 대문이 눈에 띄었다. 복도식 아파트에서 복도와 집을 구분하는 존재인 대문. 그 즉시, 달려가서 빨간 페인트를 샀다. 뭐라도 튀는 걸 하나만 하자. 주변 사람들 모두가 말렸다. 페인트를 팔던 철물점 주인은 옆집에서 항의가 들어올 수가 있다고 했다. 공동주거는 그런 것이라고. 내 집 대문의 색깔도 바꾸기 힘든 것이었다.

 그때 옆집에는 노부부가 사셨다. 벨을 누르고, 조심스레 대문을 칠하려 하니 냄새가 날지 몰라 양해를 부탁드린다고 말씀을 드렸다. 좋은 분들이어서 자신들은 괜찮다고 하시면서 나중에 집을 다른 이에게 넘길 때 문제가 안 될지 걱정해주셨다. 어쨌든 대문은 온통 빨간색이 되었다. 시간이 지나면 금방 익숙해질 것이다. 마음에 안 들면 아직 칠할 수 있는 색깔은 많으니 언제든 다시 칠하면 된다. 글을 쓰는 지금, 살고 있는 집의 대문 색깔은 검은색이니까.

복도식 아파트 16층의 집은 도로에서 눈에 띄었다. 1층부터 20여 층까지 온통 회색의 대문들 중 우리 집만 빨간색이었다. 한 번 집에 왔던 사람들은 호수를 잊어도 언제나 문제없이 찾아왔다. 제대로 튀고자 하는 목적은 충분히 달성한 셈이다. 같은 동네에 살던 후배는 저 멀리서도 대문을 보고, 창문에 불이 켜져 있으면 내가 집에 있는 줄 알 수 있다고 말해주었다. 아내는 내심 이상한 취향의 건축가와 결혼했다고 조용히 자책하는 듯했으나 나중에는 빨간색 문에 꽂혀서 화장실문까지 빨간색으로 칠하기로 결정하고 낄낄거리며 재미있어 했다.

내가 좋아하는 애니메이션 〈몬스터 주식회사 Monsters, Inc.〉*에는 수천 개의 문이 나온다.

형형색색의 얇은 문을 열면 어디든 갈 수 있다. 눈발 날리는 히말라야도 가고, 햇살 눈부신 열대 섬나라도 마음만 먹으면 금방이다.

---

* 디즈니와 픽사의 장편 풀 애니메이션 영화. 털북숭이 괴물과 공 모양의 외눈박이 친구가 주인공. 우리가 사는 세상과 다른 평행한 세계에 몬스터들이 살고 그 세계의 에너지원은 인간 어린이들이 몬스터를 보고 무서워 지르는 비명이다. 비명의 채집을 위한 거대한 공장 안에는 컨베이어 벨트로 이동되는 문짝들이 있고 그 문을 열면 바로 인간 어린이가 자는 방의 옷장 문으로 연결이 된다. 몬스터들은 그 문을 열고 들어가 아이들을 놀래키고 비명을 수집해온다. 주인공 털북숭이는 실수로 괴물나라로 온 귀여운 여자아이를 다시 인간 세상으로 돌려보내기 위해 고군분투한다.

빨간 대문은 멀리서도 단번에 눈에 띄었다.

문은 내가 선택할 수 있는 가능성이고, 다른 세계에 대한 동경이고, 미래에 대한 기대이며, 동시에 나를 받아주는 위로의 공간으로 돌아오는 길이다.

익숙함과 낯섦 사이에 문이 놓여 있다. 무수한 문들을 새로 열고 저 너머의 세상으로 우리는 들어서며, 또 그곳에서 익숙해질 즈음 다른 문들이 우리를 기다리고 있다. 우리는 낯선 곳과 모르는 사람들, 모험을 찾아 문을 박차고 나가며, 때로는 오래된 방황을 끝내고 익숙한 것들이 여전히 나를 반기는 곳으로 돌아와 조용히 노크를 한다.

문 너머로 어떤 일들이 일어날지 생각해본다. 어느 날 문을 열었을 때 날 좋아하는 그가 화해의 꽃다발을 들고 서 있기를, 내가 좋아하는 그녀가 아픈 나를 위해 죽을 끓여 보온병에 담아들고 수줍게 서 있기를, 어색하게 면접을 본 곳의 합격 통지서가 문 앞에 놓여있기를, 아니면 적어도 오래전 주문한 빈티지 청바지를 들고 택배아저씨가 벨을 누르기를 우리는 꿈꾼다.

ⓒ명필름

| Essay |

어머니의 냉장고

텅텅 비우고 꽉꽉 채우기

〈건축학개론〉을 보며 울컥했던 장면 중 하나가 승민의 어머니가 나오는 장면이었다. 어머니가 승민에게 무언가 이야기를 하며 냉장고를 연다. 냉장고 안은 이런저런 음식과 찬거리들을 담은 검은 비닐 봉투들로 빈틈없이 가득 차 있다. 텔레비전에 나오는 광고 속 냉장고의 모습과는 사뭇 다르다. 승민 어머니의 냉장고도 전에는 예쁜 여자 연예인이 방긋 미소 지으며 고운 손으로 열어

보이던, 모든 음식들이 가지런히 정돈된 광고 속 냉장고와 같은 모습이었을 것이다. 시간이 흐르면서 냉장고 안은 언제 집어넣었는지 모를 것들로 차곡차곡 쌓여 하나의 거대한 얼음 음식 덩어리가 되었다. 나이 드신 부모님의 살림살이 어딘가에는 이렇게 세월이 쌓여 작은 부분 하나 떼어 낼 수 없이 한 덩어리가 되어버린 것이 있게 마련이다.

우린 우리 주변을 우리가 쓰는 물건들로 꽉꽉 채우고 산다. 그러면서도 그것들이 보기 싫다고 또 눈앞에서 싹싹 치워버리려 안간힘을 쓴다. 그렇게 골치 아픈 살림살이들을 모두 치워버리면 좋겠지만 마음먹고 집안 정리를 제대로 해본 사람은 안다. 일 년에 한 번 쓸까 말까한 것들을 우리가 집 밖으로 내던져버리는 것이 얼마나 힘든 것인가를 말이다. 버리고 나면 마법처럼 꼭 다시 필요해지고 마니까.

텅텅 비우기

공간을 고를 때 그리고 공간을 만들 때 우리는 어떻게 하면 비우고 또 비울까를 고민한다. 많은 인테리어 잡지들이 어떻게 하면 예쁘면서도 눈에 안 보이게 요기조기 우리의 물건들을 잘 숨겨 넣을지, 숨겨 넣을 공간을 마술처럼 만들어내는가에 대해 이야기한다. 새로 분양하는 아파트에서 주부들이 첫 번째로 눈여겨보는 것은 미리 짜놓은 수납공간이다. 정해진 면적 안에 어떻게 하면 많은 것들을 잘 숨겨놓을 것인가가 중요하기 때문이다.

숨기고 숨겨 텅텅 비우는 첫 번째 이유는 넓은 공간에 대한 욕구 때문이다. 같은 공간임에도 얼마나 넓어 보이느냐가 사람들의 큰 관심사이다. 조금이라도 넓어 보이는 색깔의 벽지를 고르게 되고, 같은 숫자의 면적을 가진 공간이면서 시각적으로 조금 더 시원하게 보이는 공간을 간절히 원한다. 아파트의 발코니 확장은 당연한 요소가 되고 잘게 쪼개진 공간은 죄악이 된다. 무언가 요소가 많으면 공간은 점점 좁아 보일 수밖에 없다.

두 번째 이유는 아주 현실적인 것인데, 청소와 정리의 편의성이다. 공간 안에 무언가가 많이 나와 있으면 그 모든 것에는 먼지가 앉는다. 집안 살림을 도맡은 사람이 집안의 먼지에 대해 갖는 적개심은 상상을 초월한다. 널부러진 집안 살림들 위로 내려앉는 먼지는 청소기로 간단히 처리되지 않기 때문에 아예 자잘구레한 것들이 밖으로 나와 있지 않기를 바란다.

공간을 만드는 많은 건축가들과 디자이너들 또한 텅텅 비우기를 좋아한다. 많은 이들이 설계를 하면서 건축이 가진 요소들을 조금이라도 줄이려고 한다. 재료의 개수를 줄이고 통일성을 만들려 한다. 되도록이면 쓸데없는 장식을 배제하고 건물 또는 공간 전체가 일관성을 취하는 것에 의미를 두며, 미끈하고 이음새 없는 자재들에 감탄하고, 단순한 형태의 수도꼭지에 침을 흘린다. 단순하지만 명쾌한 공간 구조를 동경하고, 그 안에서 벌어지는 빛의 조화에 큰 가치를 부여한다.

이는 자신의 디자인 철학 아래 디자인의 일관성을 유지하려는 노력이고 빠듯한 공사 예산 안에서 최대한의 효과를 내는 좋은 방법이기도 하지만 어쩌면 단순히 모더니즘의 시대에 교육을 받아서일 수도 있다. 아니면 다양한 색깔과 재질을 가진 요소들의 복잡한 조합을 예술의 경지로 끌어올릴 자신이 없어서일지도 모른다. 때론 완공된 주택의 벽에 도저히 어울리지 않는 그림이 걸려 있거나 요란한 색깔의 커튼을 건축주가 선택하면 어떻게 해서든지 마음을 바꾸길 바라기도 한다. 어쨌거나 건축가들은 텅텅 비우는 것을 직업적으로 좋아한다.

꽉꽉 채우기

건축가와 디자이너가 이리저리 많은 것들을 생각해서 멋지고 기능적인 공간이 만들어지게 되면 그 안의 모든 것은 아름답다. 그러나 처음의 상태로 방을 유지하기가 얼마나 힘든지 우린 모두 알고 있다. 물론 항상 자신의 주위를 멋지게 정리하고, 벗은 양말을 잘 뒤집어 빨래통에 가지런히 넣어놓고, 음식이 놓인 그릇들의 열을 맞추는 사람들도 많다. 그렇지만 우리는 대부분 그렇게 깔끔하지 못하고 아주 쉽게 게으름의 유혹에 넘어간다. 수납공간에 들어가 있던 것들은 점점 밖으로 나오고, 벽에 걸어야 할 것들은 점점 늘고, 택배 아저씨는 눈치 없이 계속 무언가를 가져다가 우리의 살림 리스트를 추가해준다.

결국 공간의 완성은 공사가 끝나고 청소를 하고 난 뒤 텅 비어 있는 상태가 아니라 누군가 그곳을 점유하고 자신의 물건들로 채우기 시작해서 삶의 기운이 맴돌고 난 후가 된다. 건축가와 인테리어 디자이너, 스타일리스트가 꾸며놓은 것은 모든 것의 시작에 불과할지도 모른다. 잡지에서 보는 멋진 건축 사진과 인테리어 사진은 대부분 텅 비어 있다. 사람도 없고, 먼지도 없고, 순수한 빛 아래 정갈한 재료의 물성만이 춤을 춘다. 멋지다. 하지만 그것은 어쩌면 거짓일지도 모른다. 진정한 공간의 모습은 아니다. 어떤 공간이든지 제대로 된 모습을 드러내는 것은 사람의 손길이 닿아 이용되기 시작한 후다. 건축 공간은 손 안 대고 바라보는 조각이 아니다.

한 때, 우리 가족이 이사할 전셋집을 보러 다닌 적이 있었다. 새로 지은 집이 아닐 경우 대부분 아직 누군가가 살고 있게 마련이며, 그들의 살림살이가 있는 상태에서 집 구경을 하게 된다. 우리가 본 집은 층이 조금 낮았지만 시세보다 낮은 가격에 우리가 생각한 몇 가지 조건에 맞았다. 집을 보기 위해 부동산 아주머니와 같이 집안에 들어섰다가 우리는 깜짝 놀랐다. 집에는 어마어마한 가구들이 있었다. 이런저런 이유로 그 모든 가구와 살림들을 말 그대로 창고처럼 쌓아놓고 있었다. 거실은 발 디딜 틈이 없을 정도였고 벽을 볼 수 없도록 갖가지 것들이 쌓여 있어서 벽지를 다시 해야 하는지도 알 수 없었다. 여하튼 계약을 하고, 살던 분이 이사를 나간 날, 그제서야 비로소 집이 어떻게 생겼는지를 볼 수 있었다. 생각보다 집이 넓었고, 집안도 훨씬 밝았다. 전에 봤던 집이 아닌 전혀 다른 집이었다.

간단하게 필요한 부분만 벽지를 바꾸고 가구를 들여놓으니 새집 같았다. 그런데 그것도 얼마가지 않았다. 어린 딸의 장난감이 거실 한 켠을 차지하고, 그 장난감의 주인이 펜과 크레용의 사용법을 알게 된 순간 집은 하나의 큼직한 놀이방으로 변했다. 단순하고 깔끔하고 정돈된 것을 좋아하지만 게으른 건축가 아빠는 심한 혼란에 빠졌다. 색색깔의 장난감들과 동화책들, 그 외의 아기용품들은 정리한다고 통일성이나 일관성을 가질 수 있는 것들이 아니었고, 주말 하루를 할애해서 정리를 해도 단 30분 안에 다시 별자리만큼이나 복잡한 제 위치로 돌아갔다. 다행히 이 혼란을 즐기는 장난감의 주인이 한 해 한 해 나이를 먹으면서 자기 세계를 정리해나갔고, 건축가도 조금 취향이 변하기 시작했다.

이 해결하기 힘든 비우기와 채우기의 줄다리기 속에서 나름의 노하우가 생겼다. 어느 공간이건 텅텅 비우는 곳과 꽉꽉 채우는 곳을 나눠놓는 것이다. 우리에겐 두 공간이 모두 필요하다. 집을 예로 들면 거실은 꼭 필요한 것만 놔두는 곳일 수 있다. 나머지들은 방 하나에 다 집어넣어 놓는 것이다. 이렇게 나눠놓아도 집안의 물건들은 스물스물 비운 공간으로 기어나오게 마련이다. 이때마다 모질게 그것들을 방으로 집어 던져 넣으면 된다. 거실은 언제나 깨끗하고 손님이 와도 바닥에 널부러진 인형오리를 밟을 일이 없어진다. 온갖 잡동사니가 모인 방은 너무 정신없어 보일 때도 있다. 하지만 가끔 그 방 안에 있으면 일종의 편안함을 느낄 수도 있다. 나도 그 방에 널부러지고 층층이 쌓인 물건들처럼 아무렇게나 대충 있어도 편안해진다. '정신없고 참 좋다'라는 것에 익숙해져야 삶이 풍부해진다. 간혹 몇 년 전에 무슨 생각에 샀는지 모를 물건을 새삼 발견하고 기뻐할 수도 있다.

건축가의 책상은 쉽게 어질러진다. 컴퓨터와 전등스탠드는 기본으로 자리 잡고, 오만 가지 필기도구들이 흩어져 있고, 트레이싱지와 노트와 출력한 도면과 책들이 어지러이 널부러진다. 그런데 일을 한참 할 때는 나 또한 이런 정신없음이 오히려 편해서 그런 환경에서 더 좋은 생각이 나온다고 믿는다. 다만 일정 시간이 지나 하던 일이 매듭지어지면 일거에 모든 것을 정리해버린다. 대부분의 도면은 가차없이 이면지함으로 향하고, 구겨진 트레이싱지는 싹 버려진다. 겹겹이 쌓여 있던 책들은 책장의 제 위치로 이동하고, 필기도구 등 잡다하고 조그만 것들은 한 쪽으로 잘 모아놓는다. 이런 소품들이 모여 있으면 나름 신경 쓴 듯 안 쓴 듯 자신의 세계를 말해주는 장식이 되어줄 수도 있다. '난 이런 것들을 좋아하고 내 옆에 항상 놔두지'라는 듯 말이다. 내게 '정리'라는 것은 흐트러진 것을 바로 잡는 것이 아니라 다시 어지를 수 있게 하는 여지, 빈 공간을 만드는 일이다. 어질러지고 채워지는 것이 빈 공간의 존재 이유이다.

집이란 공간은 사는 이의 모습을 반영한다. 진정 삶의 모습을 바꾸고 싶다면 모르겠지만 자기 자신이 얼마나 변하기 힘든지 우린 모두 안다. 공간이 삶의 모습을 강요하지 않아야 한다. 그건 불편함이 된다. 손때가 잘 묻을 수 있는 공간이 좋은 공간이라고 믿는다. 시간이 쌓이고, 살림들이 자리 잡고 그래도 어색하지 않고 그것들과 어울릴 수 있는 공간, 어지르고 채워지고 또 비워지며 제 할 일을 하는 공간이 우리에게는 필요한 공간이다.

건축가의 책상. 정리 이전 vs. 정리된 후

©명필름

Part 1 | 사람을 담은 공간, 건축학개론

| Essay |

폴딩
도어

거리로 향하는 마법

제주도 서연의 집 바로 앞에 펼쳐진 바다를 집안으로 들이는 역할을 했던 폴딩도어는 우리의 주변에서 많이 볼 수 있다. 특히 거리의 손님을 맞이하는 식당이나 카페, 그리고 여러 종류의 가게들에서 쉽게 만나게 된다. 폴딩도어는 이름 그대로 접혀 열리는 문의 일종인데, 아래와 위쪽에 설치된 트랙을 따라 서로 경첩으로 연결되어 있는 여러 장의 문들이 병풍처럼 접혀서, 열게 되면

벽이 없는 듯 밖으로 시원하게 트인 공간을 갖게 되고, 닫으면 내부와 외부를 다시 나누어주게 된다. 이름은 '도어'이지만 어찌 보면 열리고 닫히는 벽이라 할 수 있어서 유연한 공간의 쓰임새가 필요한 곳에서 많이 적용된다.

  가게나 카페 같은 경우 큰 유리창을 설치하면 안과 밖이 잘 들여다 보이기는 하지만 아무리 투명해도 안과 밖이 나뉘는 것은 어쩔 수 없어서 벽을 없앨 수 있다는 것과는 느낌이 많이 다르다. 보통 폴딩도어가 설치된 곳은 밖으로 조그만 데크나 공간이 마련되어 있는 경우가 많다. 그곳에 의자와 테이블을 놓고 날씨가 좋은 날 폴딩도어를 열면 가게의 앞까지도 내부와 연결된 하나의 공간이 된다. 예쁜 거리의 한켠으로 놓인 테이블에 앉아 브런치를 먹거나 커피를 마시는 것은 이제 도시 안에서 익숙한 모습이 되었고, 사람들이 원하고 찾는 만큼 그런 장소들도 점점 늘어간다.

  아담한 크기를 가진 숍들의 폴딩도어는 또 다른 재미가 있다. 이 경우 문을 열면 마치 건물을 관통하는 또 하나의 작은 골목길이 갑자기 생겨나는 느낌이다. 길거리를 향해 나 있는 쇼윈도는 사람들의 시선을 끌어당겨 안으로 발길을 옮기게 만드는 중요한 장치인데 판매하는 물품의 효과적인 전시를 위해서는 적정한 폭이 필요하게 마련이다. 일반적으로 접도면적, 즉 도로에 접한 면의 크기가 클수록 사람의 눈길을 더 붙잡을 수 있고 매장의 매출에는 도움이 된다. 가게의 크기가 크다면 도로에 면한 쇼윈도 폭도 어느 정도 넓겠지만 조그

서연의 집 폴딩도어.

마한 상점들은 넓은 접도면적을 가지기 힘들다. 이때 거리에 면한 곳에 쇼윈도를 설치하지 않고, 폴딩도어를 설치해서 아예 열어두게 되면 마치 작은 골목이 새로 생긴 듯 거리가 가게 안으로 들어오게 된다. 이렇게 되면 지나가는 사람들이 안쪽에 진열된 것들을 볼 수 있는 기회가 조금 더 제공되며, 그 안쪽에 무언가 더 있다는 생각을 무의식적으로 하게 해준다.

실제로 내 사무실이 위치한 이태원의 거리에는 가게 전면이 폴딩도어로 된 작은 숍들이 많다. 햄버거 집, 작은 바, 예쁜 구두를 파는 디자이너 숍 등 업종도 다양하다. 큰 숍도 있고, 작은 가게들도 많다. 오래전에 지어진 이태원 거리의 건물들은 그리 크지 않은 평면을 가졌고, 이를 잘게 쪼개서 가게들이 들어서 있다. 그런 작은 가게에서 점심을 먹고 커피를 마시며 저녁이 되면 맥주병을 기울인다. 폴딩도어는 이런 작은 공간들을 거리로 확장한다.

서울의 인구 중 혼자 사는 1인 주거의 비중이 점점 높아진다고 한다. 도시의 진화가 일정 정도 진행된 서구의 도시들에서는 이미 이전에 도달한 현상이고, 서울 또한 그 뒤를 따라가고 있다. 이렇게 고밀화된 도시 속에 사람들은 점점 더 혼자 있게 되고, 사람들은 자신만의 공간이 가지는 안락함보다 그곳에서 느끼는 정적이 싫어 많은 이들이 있는 거리로 쏟아져 나온다. 거리에서 식사를 하고 커피를 마시고 술잔을 기울인다. 혹 같이 할 일행이 없다 하더라도 많은 이들 속에 묻혀 있으면 덜 외로워진다. 북적이는 곳에 있고 싶어 하는 욕구

이태원 숍의 폴딩도어.

바깥 공간을 끌어들이는 숍들의 폴딩도어.

가 발길을 거리로 향하게 한다. 한때 미국 드라마 〈섹스 앤 더 시티〉가 인기를 얻고, 그 안에 나오는 여주인공들처럼 주말에 브런치를 먹는 문화가 유행한 적이 있다. 주말 늦은 아침, 거리에 놓인 테이블에 앉아 점심을 먹는 것은 서구의 파티 문화 때문일 수도 있다. 전날 밤 늦게까지 신나게 놀고 그다음날 아침을 챙겨 먹는 것은 귀찮은 일이다. 그러니 밖에 나와 어젯밤 어울렸던 사람들과 허기를 채우는 것이다. 거리에서 밥을 먹으면 전날 파티에서와 같이 많은 이들이 주변에 있다. 다들 서로 알지는 못하지만 이 큰 도시에서 혼자인 느낌은 덜해진다. 어쩌면 그들은 우리보다 훨씬 먼저 외로운 도시 생활을 경험했기에 거리로 나오게 되었고, 거리의 문화가 먼저 발달했는지도 모른다.

거대 도시에서는 한곳에 머무는 정주성이 옅어지게 마련이다. 직장이 변하고, 여러 사정에 의해 사람들은 옮겨 다니게 된다. 오래 한 공간에 머물지 않게 되면 이웃이나 커뮤니티가 형성되기 힘들어진다. 서로의 익명성만이 존재하는 도시에서 단순한 공간적 근접성을 넘어선 친밀한 인간적 관계의 형성은 만들어지기 힘들다. 커뮤니티는 구성원들의 지속적 정주성을 기반으로 존재하기 때문이다. 같은 동네에, 같은 아파트에 살지만 서로 잘 알지 못하는 것은 단순히 공간이 허락하지 않은 것만은 아닐지 모른다. 도시 안에서 개인은 점점 더 외로워지지만 한편 다른 이들과 더 깊은 관계로 얽히는 것을 피한다. 많은 이들이 다른 사람과의 네트워크를 유지하려 하면서도 모임이나 그룹에 속할 경우 생겨나는 귀찮음과 의무들을 기피하는 양면성을 보인다. 이런 이유로 억지스런 공간적 장치로서 커뮤니티의 정서적 연관관계를 만들려고 하는 시도들은 실패하게 된다.

   현대 도시의 커뮤니티는 별도의 커뮤니티 시설이 아니라 거리에서 만들어진다. 불특정 다수간에 형성되는 느슨한 소속감이 개인의 외로움을 지우는 공간으로서 거리가 중요해진다. 폴딩도어는 공간을 열어 밖으로 연결한다. 더 많은 사람과 그들이 오가는 거리를 향해 공간을 확장한다. 벽도 아니고 창문도 아닌 중간적이며 모호한 공간 나눔 장치라 할 수 있다. 도시 안의 더 많은 공간들이 거리와 연결되어야 한다. 구역화되고 규정되고 벽으로 나눠진 공간이 아니라 폴딩도어처럼 열고 닫을 수 있는 유연한 공간들이 우리의 거리에 만들어져야 한다.

   혼자 있건, 여럿이 있건, 다른 이에게 말을 걸 수도, 그저 자신의 시간을 오롯이 즐길 수도 있는 모두의 공간이 필요하다. 공공과 사적인 영역의 구분이 모호해지고 점유와 통과의 행위가 겹쳐지는 다양성이 공존하는 공간을 우리는 원한다.

ⓒ명필름

| Essay |

한옥

낯선 과거로 돌아가는 시간

영화를 보고 사람들이 제주도 서연의 집 이상으로 자주 언급을 했던 영화 속의 공간이 있다면 과거의 승민과 서연이 발견한 빈 집을 들 수 있겠다. 작고 오래된 마당이 있는 한옥이 있는데 영화 속에서는 정릉의 어느 곳이었지만 실제 촬영은 종로 누하동의 어느 한옥에서 이루어졌다. 대청마루가 있고 오래된 사진과 낡은 시계가 있는 장소이다. 한옥에 대한 관심은 요즘 몇 년 사이 매우 높아져서 디자인 인테리어 잡지에서 심심찮게 소개가 되곤 한다. 마당을 가진 예쁜 한옥들을 쓰임새에 맞게 고쳐서 사무실이나 집으로 쓰는 것이 유행처럼 번져나갔다.

한때 불편함의 상징으로서 낙후되고 개선되어야 할 삶의 방식으로 현대식 주거환경의 반대편에서 비판받던 존재가 갑자기 다시 사람들의 관심 속으로 들어오게 되었다. 불편함은 '느리게 살기'라는 새로운 트렌드로 탈바꿈됐고, 미니멀리즘의 칼날 같은 깨끗함에 지겨워진 사람들에게 사람의 손맛이 느껴지는 자연스러운 마감들과 디테일은 따뜻함으로 다가왔다. 한옥을 경험했던 세대에게는 옛 기억에 의한 강렬한 회귀본능으로, 한복을 경험하지 않은 세대에게는 신선함으로 한옥은 다가온다. 낯섦과 익숙함. 한옥이 가지는 양면성이다.

한옥의 가치와 의미, 전통의 아름다움에 대한 것은 반론의 여지가 없다. 우리 것에 대한 맹목적 애정을 걷어내더라도 사람의 손길이 더 많이 스며들어 있는 공간과 건축의 모습은 현대적 건축 공간이 가지지 못한 것들을 담고 있기에 분명 그 자체로서 의미가 있다. 많은 전문가들이 한옥의 미덕과 미학에 대해 이야기한다. (일단 쉽고 재미있게 접근할 수 있는 글은 임석재 교수가 네이버 캐스트에 연재하는 '한옥미학'이다) 풍부한 사진과 맛깔스런 글들로 한옥의 매력과 의미에 대해 편하게 접할 수 있다. 하지만 한편 생각하면 지금의 한옥에 대한 세상의 반응은 그런 의미론을 좀 더 넘어가는 면이 있는 것 같다. 왜 우리는 한옥에 끌리고 관심을 갖게 되는 것일까. 한옥에 대한 많은 공부를

ⓒ명필름

하기 전에도 이미 한옥의 매력을 느끼게 된 이유는 무엇일까. 어쩌면 핵심은 한마디로 신기하다는 것일지도 모른다. 돌고래가 강아지만큼 흔하게 키우는 것이라면 수족관에서 바라보며 그렇게 신기해하지 않을 것이다. 한옥 공간의 본질적 가치에 대한 판단에 앞서 주변에서 쉽게 찾아보거나 경험할 수 없기에 희소성에 더욱 가치가 부여되고 '고급'의 이미지까지 더해지고 있다.

이렇게 지금의 한옥이 일반적으로 우리들에게 낯섦을 가지고 있다면 그것은 몇 가지로 정리해볼 수 있을 것이다. 첫 번째로는 당연한 이야기이지만 한옥의 외관이다. 겉으로 보이기에도 현재의 건축과는 크게 다른 모습이다. 역사적 연속성이 없기에 쉽게 구분이 된다. 또한 외관을 이루는 자재의 구축법과 재료 모두 요즘 흔히 볼 수 있는 것이 아니다. 때로는 현대적인 건물에서도 부분적으로 전통 기와나 한지를 바른 창살문을 인테리어에 이용하는 등 전통 재료의 변용에 대한 사례를 볼 수도 있지만 이 경우도 한옥 그 자체의 모습과는 거리가 있다.

두 번째로 규모에 대한 것이다. 일단 도시 안에 1층 주택은 이제 찾아보기가 힘들다. 한옥은 기본적으로 단층의 구조를 가지고 있고, 양옥이건 한옥이건 간에 단층의 주택은 현재 정해져 있는 개발 가능 규모를 생각할 때 특별한 의도가 없는 한 남아 있기 힘들다. 재산의 가치 등을 생각했을 때 헐어버리고 좀 더 넓은 연면적을 가진 건물로 짓고자 하는 욕구를 피해가기가 힘들다. 비슷한 크기의 땅을 차지하고 있는 건축물 중에서 한옥은 단층의 작은 규모로 인해 눈에 띄어 희소성을 지닌다. 건축 양식과는 별개로 규모만 보더라도 드문 경우가 되는 것이다.

　세 번째는 공간 구조이다. 이것은 삶의 방식과도 연관이 깊다. 한옥처럼 열린 구조를 가진 현대 주택이 많지 않다. 동선의 편리함과 냉난방의 기능성 등으로 인해 현대의 주택들은 닫힌 구조를 지향한다. 특히 아파트를 살펴보면 정해진 면적 내에서 최대한의 공간과 가장 편리한 동선을 위해 정해진 답처럼 방과 주방, 입구 등의 위치가 다른 대안이 없을 정도로 정해져 왔다. 이런 공간에 익숙한 사람들에게는 한옥의 배치는 생경할 수밖에 없다. 그리고 그 공간은 다른 삶의 방식을 제시한다. 아파트에서 살던 대로 주방과 안방을 오가거나 방문 꼭꼭 닫고 각자의 방에 들어가 있기 힘들다. 가구들을 놓는 방법이 같을 수 없으며 공간을 오가는 하루 일과의 동선이 달라진다. 또한 마당이라는 공간 요소도 빼놓을 수 없다. 많은 이들이 마당의 매력을 좋아한다. 단층의 건물 지붕 처마선에 둘러싸여 보이는 하늘과 아늑한 위요감 무엇을 둘러싸는 것을 만들어주는 작은 마당은 한옥의 이미지와 항상 연결되어 있다.

　네 번째는 구축법을 들 수 있다. 우리가 좋아하는 한옥의 요소는 장인의 손맛이 느껴지는 작은 부분들에도 있다. 현재의 건축 자재는 많은 부분이 공업화된 기계적 조립에 의해 만들어진다. 수공예적 구축법에 의해 만들어진 비정형적인 디테일들은 공업화된 재료들이 주지 못하는 다른 감동과 낯섦을 준다. 사람들은 멀리서 한옥의 모양새를 보고 그 안에서 공간을 느끼며, 가까이에 가 손끝에 닿는 목재의 질감을 즐긴다.

전통에 대한 관심과 한옥에 대한 애정은 가끔 왜곡되어 나타나기도 한다. 요즘은 한옥 수요의 폭증으로 한옥을 신축하는 경우를 많이 본다. 한옥 마을을 아예 새로 만드는 계획도 여기저기서 추진 중이고, 한옥의 공업화에 대한 시도도 보인다. 앞서 말한 한옥의 낯섦을 만드는 요소들은 어떻게 보면 한옥의 핵심적 특징일지도 모른다. 걱정되는 것은 이중 몇 가지가 빠질 경우 우리가 생각하는 한옥의 모습과 멀어져 결국 의미를 잃고, 대중에게서도 외면 받을지도 모른다는 것이다. 조심스러울 필요가 있다.

한때 고급 주거 시장에서 '클래식'이라는 정체불명의 양식이 유행한 적이 있다. 굳이 이야기하자면 모더니즘 전의 서양 건축을 통틀어 이야기하는 것 정도나 식민지 양식 정도를 말하는 것일 수도 있다. 어떤 진정한 건축 양식을 추구하는 것이 아니라 보기에 저 멀리 서구의 오래된 어떤 건물과 비슷하기만 하면 되는 그런 것이었다. 기둥을 붙이고, 석조 디테일을 본따서 얇은 돌과 인조석으로 비슷하게 흉내를 낸다. 요점은 그렇게 낯설어 보이면 되는 것이었다. 우리에겐 없는 것이고, 경험하지 못한 것이며, 주변에 많지 않은 것이어서 그 희소성에 의지해서 가치를 억지로 부여하고자 했다. 결국 이제는 금방 시들해져버린 지나간 유행이 되었고, 그때 만들어진 대부분의 건물

ⓒ명필름

들은 정체불명의 장식적 요소로 요란하게 치장된 예식장 건물의 외관과 그리 다르지 않다.

무언가 좋은 것이 있다면 그것을 따라하는 것은 어쩌면 당연한 것이다. 하지만 그것이 과연 어떤 기준에 의해 복제되고 변형되는지는 중요하다. 핵심적 가치에 대한 공감과 이해를 바탕으로 유행이 된다면 좋은 것이 널리 퍼지는 것이니 굳이 나쁠 것이 없을 것이다. 좋은 건축물이 가지는 역할 중 하나는 뒤따라 생겨나는 다른 건물들이 좋은 점들을 확산, 보급하는 것일 수도 있기 때문이다. 하지만 맹목적이고 피상적인 복제는 결국 원본보다 못한 열등한 것들을 양산해낼 수밖에 없을 것이고, 열등한 공간은 한동안 우리가 감당해야 할 도시 공간의 한 부분이 되고 만다.

Part 1 | 사람을 담은 공간, 건축학개론

| Essay |

제주도

또 다른 섬

원래 제주도 서연의 집은 춘천이나 서울 근교이었을 수도 있다. 시나리오가 거의 완성되었을 때도 서연이 집의 실제 장소가 정해지지 않았다. 감독이 시나리오를 한참 다듬는 동안 서연의 고향은 그저 서울에서 그리 멀지 않은 지방 도시 중 하나 정도였다. 집을 짓는다는 것이 영화의 중심 이야기로 자리 잡은 지는 오래되었지만 시나리오를 다듬으며 내가 본 많은 버전들의 시나리오

속에서 한 번도 지역이 명기된 적은 없었다.

 2010년 가을, 감독은 드디어 이 시나리오를 가지고 나를 찾아왔고, 서연의 집을 함께 만들어가기를 바랐다. 감독은 너무 시골도 아니고, 외지지 않아 이웃이 있었으면 좋겠으며, 조금 오래된 느낌과 함께 적절한 폭의 골목길을 따라 낮은 건물로 이루어진 동네라는 정도의 넓은 의미의 가이드라인만을 이야기했다. 옛날 집이 존재하고, 그것을 리노베이션해야 하는 설정, 그래서 오래된 아버지의 집에 서연의 공간이 덧붙여지는 것이 영화 속 이야기의 핵심 전개에 어울릴 것이라는 감독의 바람이었고 나 또한 그것에 공감했다. 건축적 의미를 과시하기 위한 건축이 아닌, 삶 속에 스며든 일상적이며 따뜻한 모습이길 바랐고, 설계의 현실적인 과정과 모습을 담아내길 원했던 것이다.

 몇몇 곳이 후보로 오르며 장소와 지역에 대한 이야기를 했고 결국 실제 서연의 집이 지어질 장소에 대한 결정은 제작사의 이야기를 듣기로 했다. 제작사는 영화의 완성도를 위해 감독이 원하는 곳에 아예 땅을 구입해서 세트가 아니라 집을 실제로 지을 것에 대해서도 생각하고 있었다. 이용주 감독이 서연의 집을 디자인할 사람으로서 나를 제작사에 소개한 날, 그 자리에서 영화 제작사 대표가 감독에게 의중을 물었다. "제주도는 어떠세요?"

 그후 오래지 않아 감독과 나, 제작사는 제주도로 장소 헌팅을 떠났다. 여러 명이 함께 승합차를 빌려 스무 곳이 넘는 장소를 둘러보았고, 조금씩 지쳐갈 무렵 서귀포를 지나 어느 작은 마을로 들어섰다. 도로 앞 바다에는 하얗게 부서지는 파도 속에 검은 돌들이 흩어져 있었다. 얼마를 더 가니 낮은 방파제 옆 도로를 끼고 제주석 돌담 뒤에 집이 숨어 있었다. 주인이 살고 있지 않은 집이었고, 두 짝으로 만들어진 큰 대문에 작게 사람 드나드는 문이 있었고, 그 문은 굳게 잠겨 있었다. 매달린 자물쇠의 비밀번호를 알아내기 위해 일행들이 이 사람 저 사람에게 전화를 거는 사이, 큰 대문의 경첩이 풀려 있는 것을 발견했다. 자물쇠가 잠긴 채로 문 전체를 밀어보니 문이 덜커덩 열렸다. 열린 문으로 제일 먼저 발을 디뎠다.

서연의 집을 처음 발견했을 때 모습.

바다를 바라보고 옆으로 길쭉한 땅 모양을 가진 집의 대문을 들어서니 오랫동안 버려진 마당에는 온갖 풀들이 무성했다. 그리 크지 않은 붉은 타일로 마감된 1층 집은 여기저기 거미줄을 두르고 서 있었다. 거실로 들어서니 나무로 마감된 벽들과 거의 사다리에 가까운 아슬아슬한 나무 계단이 있었다. 밟고 올라가니 경사 지붕 아래 천장 낮은 다락방이 있었고, 작은 창문이 있었다. 몸을 조심스레 숙여 창문 밖으로 나왔다.

그 순간 눈앞에 너른 제주도의 바다가 내려다 보였다. 일행 모두 지붕에 올라와 이야기를 했다. 눈앞에 펼쳐진 전경은 물론이고 집 뒤 나무와 주변의 건물들과 앞의 바다와 멀리 보이는 빨간 등대까지 눈이 황홀할 정도로 예뻤다. 하지만 영화 속에서 너무 예뻐 보이면 현실감이 떨어지지 않을까 걱정을 했다. 하지만 어쩔 수 없었다. 아름다움은 그리 쉽게 거역할 수 없는 것이니까. 모두가 의견을 말했고, 마지막에 감독이 결정을 했다. "여기로 하고 싶어요."

국민학교지금의 초등학교를 같이 나온 동네 친구가 있었다. 대학을 다닐 때까지 한 동네에 살다가 멀리 다른 나라로 공부를 하러 간 그 친구 집에 우리는 종종 모여 항상 못된 짓들을 많이 했다. 친구의 어머니는 매우 개방적이고 멋진 분이어서 웬만한 일에는 얼굴을 붉히지 않는 분이었고, 우린 그곳에 아지트를 마련했다. 고등학교를 졸업하자마자 우리들은 항상 그 친구의 집에 모여 갓 배운 술을 마시곤 했다. 이리저리 모은 듯한 각종 술병들을 잘 알지도 못하고 비우기 시작했고, 그럴 때마다 항상 그 친구는 방바닥에 초를 켜고 LP판을 트는 의식을 거행했다. 그중 자주 들었던 노래가 최성원의 '제주도의 푸른 밤'이었다. 그 노래는 마법과 같은 안개를 드리우는 힘을 가지고 있었고 우리는 낑깡밭을 같이 일굴 연인 따위는 없으면서도 어두컴컴한 방구석에서 아련한 감상에 빠져들었다. 부모님과 어렸을 적 딱 한 번 가본 제주도와는 또 다른 모습이 머릿속에 그려졌다. 벽에 기대어 그 노래를 들으며 별로 대단할 것 없는 사춘기 질풍노도의 마지막 시기를 즐기고 있었다.

그후 직접 찾아갔던 제주도는 노래 가사와는 많이 달랐다. 휴가철에는 모든 것이 비쌌고, 그 시절 택시 기사 아저씨들은 예의 없는 '육지 사람'들에게 불친절했으며, 사람은 너무 많았고, 갈 만한 곳들은 식상해져갔다. 관광객들이 몰려다니는 곳들이 내가 경험하는 제주도의 전부였다. 사람들은 제주도를 가느니 해외를 간다고 동남아로 행선지를 돌렸다. 그렇게 제주도를 향한 내 발길도 뜸해졌다. 한참 시간이 지나 일을 하면서 프로젝트를 위해 몇 번을 방문하게 되었고, 바닷가에서 회를 얻어먹고 술을 마셨다. 그 사이 올레길이 생겼고, 사람들은 관광이 아닌 다른 것들을 찾기 위해 제주도로 향하기 시작했다. 하지만 여전히 내겐 그저 따뜻한 남쪽에 있는 바람 많은 곳일 뿐이었다.

영화 속 서연의 집을 위해 마을을 찾았을 때는 관광지가 아닌 사람이 사는 마을을 찾는 여정이었다. 그곳은 내가 모르던 섬이었고, 내가 경험한 모습과는 많이 달랐다. 돌담 너머 밭을 매던 할머니가 '육지 사람'이 절대 이해할 수 없는 사투리로 묻는 질문, 그러나 주름진 눈가의 미소만 보더라도 따스한 마음이 느껴지는, 관광지로서의 제주도와는 전혀 다른 제주도가 그곳에 있었다. 작은 길들을 걷다 보면 동네 아이가 눈을 맞추고 인사를 한다. 아이를 따라 나온 멍멍이는 내 주위를 계속 맴돈다. 머쓱하지만 내심 기분이 좋아진다. 80~90년대에 지어진 제주도의 주택을 참고하러 다니다가 어떤 집에 불쑥 들어갔다. 앞마당에 할아버지 한 분이 마당을 다듬고 계셨다.

"저는 건축을 하는데 제주집에 대한 공부를 하려고요."
뜬금없는 이방인의 방문에 들뜨신 어르신은 집안의 온갖 문을 열어젖히고 집 구경을 시켜주셨다. 황토를 바른 방이 어르신의 자랑이었다.
"몸에 좋은 것 같아. 보라구. 여기 산 이후로 늙지를 않아. 내 나이로 안 보이잖아."

영화의 제작 스케줄은 생각보다 빠듯했고, 배우들의 일정을 생각했을 때 직접 실제 집을 지어가며 영화를 찍는 것은 불가능하다고 결론이 났다. 5~6개월은 족히 걸릴 공사 과정에 맞춰 영화를 찍기는 힘들었기에 세트로 서연의 집을 완성하기로 하였다. 디자인이 끝난 도면은 미술팀으로 넘어갔고, 제주도 앞바다를 바로 마주보고 있는 기존의 집에서 조금 모양새를 바꾸고, 증축 부분은 단열과 방수가 없는 일시적인 임시 구조물로 만들어졌다.

영화가 완성이 되고 제작사 측은 영화에 나왔던 집을 영구적으로 보존할 계획을 내게 이야기했다. 고마운 일이었고, 의미가 있었다. 제대로 설계를 다시 하기 시작했다. 세트였기에 가능했던 몇 가지 요소들에 대해 수정이 가해졌고, 최대한 영화 속 모습을 반영하되, 실제 집으로 이용하기에 필요한 몇 가지 배려가 첨가되었다.

새로 만들어질 서연의 집의 설계를 완성하고, 공사를 할 시공사를 선정하는 과정 중에 여름휴가를 제주도로 가기로 했다. 가족들과 함께 내가 느낀 또 다른 제주를 경험하고 싶었다. 작은 차를 하나 빌리고, 전에 들렀던 작고 예쁜 펜션에 방을 잡았다. 성수기여서 내가 몇 번 들렀던 맛집들은 자리가 없을 정도로 성황이어서 매번 동네 밥집을 가게 되었다. 맛이 있건 없건 모든 이가 친절했다. 갑자기 내린 비에 뛰어 들어간 서귀포의 식당 아저씨는 계산하고 나오는 우리 손에 아이를 위한 감귤 초콜릿과 제주 사투리를 모아 놓은 카세트테이프를 쥐어주었다. 갑자기 내린 비는 서늘했지만 가족 여행에 필요한 따뜻함은 어디에나 있었다.

젊은이들이 제주도로 향하고, 많은 이들이 땅을 사고, 그만큼 개발이 되고 몇 가지 안 좋은 일도 따라 오겠지만 제주도는 이제 '육지'에 사는 사람들에게 하나의 치유가 되어가는 듯싶다. 작은 골목과 낮은 귤나무와 푸른 바다가 없어지지 않는 한 그 따뜻함은 제주도를 찾는 이의 몫일 것이다.

Part 1 | 사람을 담은 공간, 건축학개론

| Essay |

서연의
집

이야기하지 못한 것들

서연의 집은 결국 영화를 위한 공간이었다. 처음부터 건축적으로 대단한 이야기를 하고자 한 공간이 아니었고, 서연이라는 가상의 캐릭터가 원하는 집의 모습에 몇 가지 영화적 이야깃거리를 충족시켜줄 장치를 덧붙여 만들어진 공간이다. 너무 화려하거나 건축적인 표현이 과도해서 비일상적 모습을 만들지 않기를 모두가 원했고, 완성된 모습은 그 목적에서 크게 어긋나지 않았다.

하지만 그 모든 것들을 관통하는 디자인의 중심 이야기는 존재했다. 건축가에게는 어떤 작업을 하든지 그 속에 스며든 이야기가 필요하다. 굳이 완성된 건물에서 눈에 띄게 겉으로 드러나지 않더라도 전체적인 건물의 앉음새, 모양, 재료, 창문의 크기, 공간의 구성 등 결정을 해야 할 많은 것들에 맞닥뜨릴 때 의사 결정의 근거가 되어줄 무언가가 필요하다.

건축 공간은 많은 요소들이 모여 만들어진다. 눈에 보이는 것도 있고, 숨어서 보이지 않는 것들도 있다. 창문의 크기와 재질은 외관에 영향을 줄 뿐만 아니라 냉난방 효율과 환기 등의 기능적 측면과도 함수 관계를 맺는다. 벽과 기둥의 위치는 방의 크기를 결정하면서 건물을 지탱하는 구조적 역할을 한다. 모든 것이 연결되어 있고, 어떤 결정을 내리느냐에 따라 얻는 것이 있고 잃는 것도 있다. 이런 것들을 전체적으로 생각하지 않고 분리해서 판단을 내리게 되면 건물은 양복 입고 장화 신고 백팩을 멘 모습처럼 어정쩡해진다. 때론 이런 불균형의 모습이 자연스러운 미학을 낳기도 하는데 건축가 없는 건축이라 할 수 있는 자생적 지역건축에서 그런 경우를 보기도 한다. 하지만 대부분의 건축가들은 할 수 있는 한, 모든 요소의 연관 관계를 이해하려 하고, 그 연결을 통해 통합적인 이야기를 전달하면서 건물이 가져야 할 기본적 덕목들을 골고루 취하려고 노력한다.

제주도 서연의 집에도 몇 가지 이야기에 의지해서 일관성을 만들고자 했다. 첫 번째 이야기는 수평성이다. 위미리 서연의 집은 바다를 바로 앞에 둔 곳이다. 검은 현무암 해안에 부서지며 넓게 펼쳐진 바다는 이 대지에서 가장 중요한 경관적 요소였다. 멀리 보이는 수평선과 시시각각 변하는 하늘을 거스르는 것은 주변에 아무것도 없었다. 눈을 돌려 집이 앉아 있는 모양새를 보면 도로변으로 쌓여 있는 축대와 돌담이 눈에 들어온다. 도로보다 높은 집터가 온전하도록 제주석을 쌓아 흙을 버티는 축대를 만들고, 바로 그 위에 또 돌담이 쌓여 있었다. 재미있는 것은 축대와 돌담 모두 제주석으로 쌓았으나 축대는 쓰임새에 맞게 시멘트를 섞어 단단하게 옹벽으로 만들었고, 돌담은 여느 민가의 돌담처럼 자연석을 얼기설기 얹어 쌓아 놓은 모양새라서 그 둘이 구별이 되며 긴 수평성을 만들어내고 있었다.

많은 요소가 담긴 디자인은 이렇게 장소가 가진 수평성을 받아들이고 살리고 강조하는 것에서 시작된다. 남쪽으로 증축되는 거실은 동서로 길쭉한 평면을 가지고 있고, 그것을 덮는 새 지붕의 처마는 그림자를 떨어뜨리며 돌담과 축대 위에 가늘게 떠 있다. 창문을 열면 바다가 펼쳐지는 긴 파노라마 전경을 만드는 거실의 창뿐만 아니라 2층 방의 창문도 가로로 더 긴 비례를 가진다. 거실 창 앞에서 거친 바람을 조금이나마 막아줄 목재 루버 덧창의 나무 부재들도 가로로 붙여 수평성 강조의 원칙을 지키려 했다.

건축에 대한 이야기를 하다보면 지역성이나 풍토적 맥락에 대한 이야기를 하곤 한다. 그 나라에, 그 도시에, 그 지방에, 그 땅에 어울리는 건축이 무엇이냐에 대한 물음이다. 언젠가 제주도 위미리에 어울리는 공간이 무엇이라고 생각하느냐는 질문을 받은 적이 있다. 제주도에 대한 공부를 하고, 지역의 토속적인 건축을 이해하는 것도 필요한 일이다. 하지만 지금 그곳에서 내가 큰 공부 없이도 느끼는 것이 있다면 그것은 모든 이들이 그 장소에서 직접 경험하는 것일 거라 생각했다. 그곳에서 내게 가장 크게 다가온 것은 수평성이었다. 옆으로 누운 끝없이 길고 가느다란 선. 그것에 어울리는 집이어야 된다고 생각했다.

두 번째로 서연의 집에서 신경을 쓴 것은 '경계의 점유'였다. 공간에는 어느 곳에나 분명하건 불분명하건 경계가 있다. 내부와 외부, 쓰임새와 또 다른 쓰임새, 재료와 재료 사이에는 하나가 시작되고 다른 하나가 끝난다. 그렇게 경계가 생기는 부분을 우리가 좀 더 적극적으로 경험할 수 있다면 좋겠다는 생각이었다. 쉽게 말하면 외부와 내부를 구분하는 창턱에 앉아 있는 모습을 그린 것이다. 창은 열리고 닫히며 안과 밖을 나누고 연결한다. 그런 창 턱에 앉아 밖을 보고 차를 마시고 책을 읽는 모습을 상상했다. 그곳에 앉을 수 있는 배려를 해주는 순간 경계는 모호해지며 밖도 안도 아닌, 어떤 곳에 있는 조금 다른 경험이 가능해지리라는 것이었다.

경계의 점유. ⓒ명필름

보통 거실의 창이라면 바닥부터 천장까지 창이 끼워져 있어서 창을 열면 바로 외부로 나가는 것이 보편적일 수 있다. 하지만 서연의 집에서는 보통의 의자 높이 정도의 넓은 턱이 있고 그 위에 접히는 폴딩도어가 설치되어 있다. 폴딩도어를 열면 마치 작은 툇마루 같은 너비의 공간이 생기고 그곳에 앉을 수 있게 된다. 영화에서 서연이 이곳에 앉아 승민이 보내준 소포를 열어 그 안의 CD를 듣는다. 영화에서는 보이지 않지만 모든 작은 창문의 턱들도 넓게 만들어 무언가를 올려놓거나 살짝 앉을 수 있도록 설계를 했다.

하고 싶었으나 결국 반영되지 못해 아쉬운 것도 있었다. 그중 가장 애착이 갔던 것은 중정中庭을 가진 설계안이었다. 대부분의 단독주택이 그렇듯 기존 주택은 내부 공간이 어두운 편이였다. 방과 부엌, 거실이 단단히 모여 있는 정방형에 가까운 평면을 가진 주택은 남쪽으로 면한 면이 네 면 중 하나일 수밖에 없고, 처마가 좀 길거나 건물 주변 가까이 담이라도 있으면 더더욱 내부 공간에 들어오는 자연광이 적어서 어두운 느낌이 들 수 있다. 기존 주택의 남쪽 앞으로 새로 증축하는 거실이 들어서게 되면 더더욱 집안은 닫히게 돼서 기존의 거실을 외부 공간화해서 중정을 만들자는 아이디어를 냈다.

거실의 지붕을 철거하면 거실의 내벽이 외벽이 되고 하늘이 네모나게 들어오는 작고 예쁜 정원이 만들어질 것이고, 그 외부공간에 가득 들어오는 빛이 ㅁ자형으로 변한 집안에 골고루 퍼질 수 있을 것이었다. 이 중정은 겨울철 제주도 바다의 거센 바람도 막아주는 조용하고

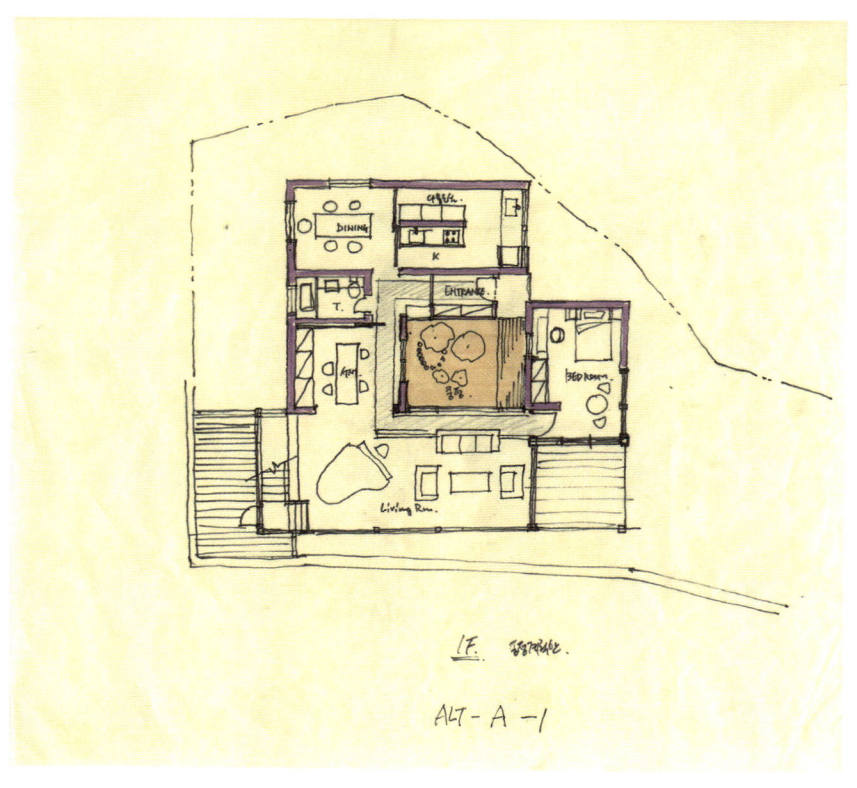

중정 계획안 스케치.

아늑한 공간이 되면서 전에 거실이었던 부분이 외부 공간이 되고, 외부였던 곳이 거실이 되는 재미도 있으리라 생각했다. 실제 집이었다면 여러 가지를 생각했을 때 더 현실적이고 이야깃거리가 될 것 같았다. 무엇보다 개인적으로 작은 중정을 꼭 한 번 만들어보고 싶었다. 아주 작은 화단과 그 화단에서 낡은 벽을 타고 오르는 담쟁이, 오래된 물뿌리개와 조그만 의자 그리고 머리 위 네모난 하늘에 흘러가는 구름.

이 아이디어는 결정적으로 영화에 맞지 않는 공간이라는 이유로 채택될 수 없었다. 가운데 중정은 카메라의 화각이 나오기에 너무 작았고, 감독이 생각하는 이야기 전개에 집어넣기에도 결이 달랐다. 무엇보다 감독은 오래된 기와지붕의 모습이 남기를 바랐고, 거실의 지붕을 걷어내는 것은 결국 포기하게 되었다. 나는 꽤 많이 투덜거렸지만 할 수 없었다.

영화의 상영이 끝난 후 제작사인 명필름에서는 서연의 집을 다시 제대로 지어 많은 이들이 방문할 수 있는 명필름 재단의 전시 갤러리 겸 카페로 운영하기로 했다. 영화 속 모습을 최대한 지키되 약간의 기능적인 변화를 반영하고, 대지경계선의 문제 또한 반영하여 건물의 모습과 위치를 결정하는 재설계에 들어갔다. 오래된 시골의 집들이 그렇듯, 대지의 경계선과 상관없이 기존의 건물이 앉아 있었으나 영화 세트에서는 이를 반영하지 않았고, 실제 다시 지을 서연의 집은 영화 속 모습보다는 뒤로 조금 물러나야만 했다. 기와가 얹힌 지붕은 미술팀에서 가미한 것이었고, 태풍이 몰아치는 제주 앞바다에서는 피하고 싶은 것이어서 모두의 양해를 구해 재현하지 않았다. 많은 이들이 올라갈 수 있는 2층 옥상 부분에는 안전을 위해 난간이 추가되었고, 건물은 뒤로 조금 더 물러나 앉게 되었으며, 처마의 선은 조금 뭉툭해졌다. 2층은 전시실이 올라가게 되어 조금 커졌고, 1층에는 작은 바와 카운터가 추가되었다.

서연의 집은 영화 속에서 자신이 맡은 역할을 다하고 이제 철거가 되었다. 곧 비슷하지만 조금은 다른 모습으로 찾아주는 사람들을 만날 준비를 하고 있다. 영화가 차츰 사람들의 기억에서 희미해질 때가 올 것이고, 방문을 하는 사람들도 점차 적어질 것이다. 그런 때가 오더라도 위미리 바닷가의 작은 카페는 영화가 하고자 했던 이야기들을 담고, 올레길을 걷던 지친 다리를 쉬어갈 수 있는 조용한 공간으로 남을 것이다.

영화 속 서연의 집 렌더링.

재설계된 서연의 집 카페 렌더링.

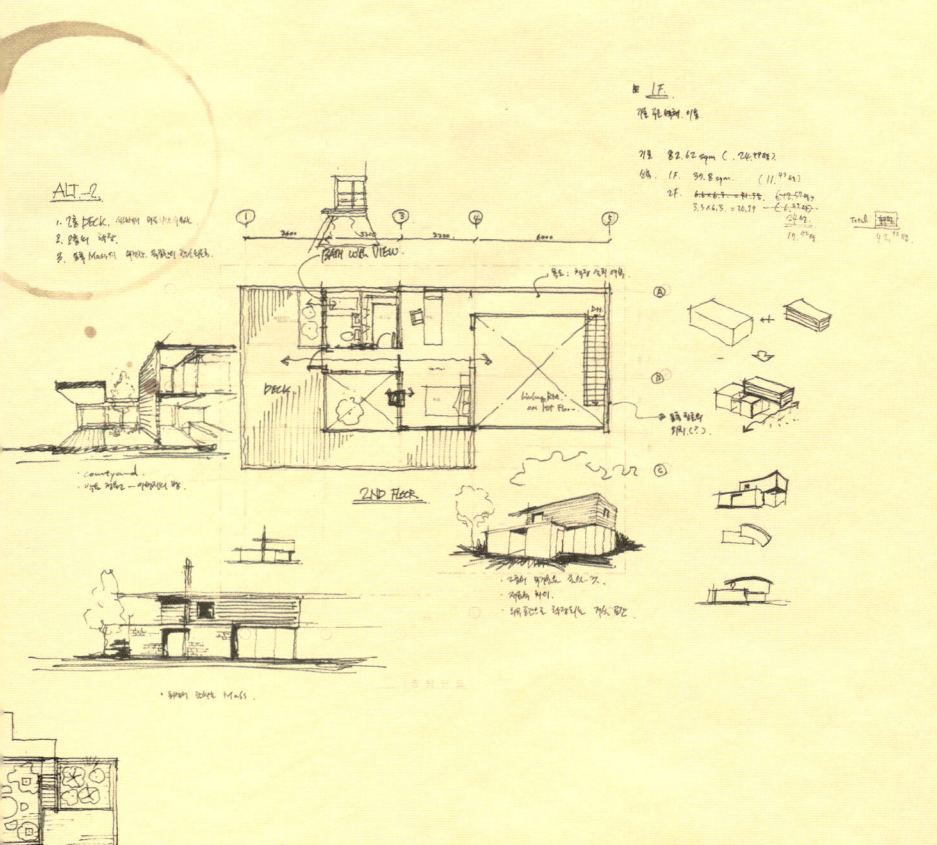

Part 2.

공간의 기억, 숨은 이야기

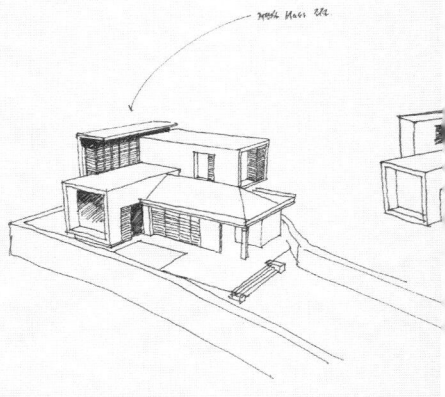

| Essay |

광장
우리가 함께한 곳

우리가 살아온 근현대사를 돌아보는 사진첩이나 다큐멘터리를 보면 굵직굵직한 역사적 사건들이 짧은 기간 동안 참 많았고, 그때마다 세상은 많이 변했다는 생각이 든다. 재미있는 건 그중 많은 사건들이 거리에서 이루어졌다는 것이다. 거리에 쏟아져 나온 사람들이 세상을 바꾸었고 그들이 서 있던 장소가 거리였다. 많은 이들이 같은 생각을 가지고 거리로 나왔고, 물이 흐르듯 더 많은 사람들이 모일 수 있는 장소로 흘러가 집단의 기억을 만들었다. 그렇게 사람이 모이던 곳이 광장이 되었다.

광장은 어쩌면 우리나라의 도시구조에서는 낯선 개념이었다. 도시 공공 공간으로서의 광장의 모습에 대한 고민이 시작된 것은 그리 오래되지 않았다. 시청 앞 광장이나 광화문 광장이 광장이라는 이름을 가지고 정치인들에 의해 다듬어진 것은 지난 몇 년간의 일일 뿐이다. 그렇게 조성된 광장의 모습에 대해 여전히 많은 이야기들이 있고 광장의 근본적인 모습에 대한 것뿐만 아니라 그 이용에 대해서도 아직 사회적 합의가 더 필요한 듯싶다.

처음 넓은 도시 공간을 점유하는 사건을 경험한 것은 많은 이들이 그렇듯 대학생 시절의 시위에서였다. 그 시절 학교의 분위기는 거리로 뛰어드는 것에 깊은 고민이 필요하지 않았다. 어느 날 선배를 따라 처음으로 시위에 나가게 되었다. 종로에 도착했을 즈음엔 도로는 차단되어 자동차 한 대 없었고, 여기저기서 뛰어나온 학생들로 금세 거리는 가득 찼다. 어느새 주변을 둘러보니 사람들이 마음대로 지나다닐 수 없는 종로 대로의 한복판에 서 있었다. 약간의 두려움 너머로 알 수 없는 두근거림이 내 손을 떨게 만들었고 오래지 않아 몸 전체가 떨려왔다. 도로 옆 상가들은 피해를 입을까 셔터를 내렸고, 여기저기 잘 알아들을 수 없는 확성기에서 나오는 소리들과 간간히 외치는 구호들만이 도로를 메웠다. 곧이어 최루탄이 날아다니기 시작했고, 매캐한 연기 사이로 컥컥대며 도망치면서 나름 시대를 위해 무언가를 하고 있다는 단순한 자부심과 함께 무작정 내달렸다.

그날 시위의 이슈는 기억이 나지 않는다. 단지 팔다리의 떨림과 얼굴을 벌겋게 상기하게 만들던 묵직한 흥분의 온기만이 생각난다. 아마 그것은 도시의 한복판에 있는 거대한 빈 공간을 많은 사람들과 점유하고 있다는 비일상적 경험에서 오는 달뜸이었을 것이다. 거대한 군중이 평소에 허락되지 않은 공간 안에 같이 있게 되면서 만들어지는 집단의 기억. 그 이후로도 도시의 넓은 도로와 교차로들은 여러 번 그렇게 점유되었고, 세상과 정치인들은 느리게 그러나 조금씩 변해갔으며 젊은이들은 나이를 먹기 시작했다.

2002년, 도시의 모든 광장과 교차로는 또 한 번 대규모 군중으로 가득 찼다. 이전의 점유가 낯선 목소리와 물리적 억제의 긴장 속에 이루어지는 것이었다면 이번에는 즐거움과 환호가 메우는 축제의 공간이었다. 그때 나는 멀리 다른 나라의 땅 위에 있었고, 일생에 한 번 경험할까 말까한 모국에서의 축제를 텔레비전과 인터넷으로 볼 수밖에 없었다. 16강, 8강, 4강으로 올라가는 한국 축구팀의 경기를 보며 사람들은 점점 더 비일상적인 흥분에 빠져들었고, 점점 더 많은 이들이 광장으로 나왔다. 넓은 도로와 교차로를 가득 메운 사람들의 사진을 보며 그곳에 내가 없음을 아쉬워하는 한편, 90년대 초 최루탄이 매캐했던 도로 위에서의 기억을 떠올렸다. 비슷한 듯 다른 떨림을 저들도 느끼고 있을 것이란 생각이 들었다. 금지된 장소에서 많은 사람들이 모여 불가능해 보이는 것을 간절히 바라며 외치던 떨림. 다른 점이라면 2002년에는 그 불가능함이 사람들이 모일 때마다 매번 전복되었고, 광장은 비장함의 공간이 아니라 기쁨과 성취의 공간이었다는 것이다. 집단적 기억이 만들어지는 경험은 광장의 크기만큼 강화되었고, 사람들은 그 이후로 도시 안에서의 넓은 빈 공간의 역할에 대해 새로운 시각을 갖게 되었다.

이후로 서울광장은 2004년 5월 1일 새 단장을 하게 되었다. 광장 자체의 디자인과 이용방법에 대해 많은 갑론을박이 이루어졌으며, 연이어 2009년 8월에는 광화문 광장이 새롭게 만들어져서 또 많은 이야깃거리가 생겨났다.

정치가들에게 새로운 도시 공공 공간의 조성은 눈에 보이는 일거리일 뿐 아니라 세상을 자신의 의지에 의해 바꾸는 가장 쉬운 길이기도 하다. 그렇기에 정치적 의도를 가진 많은 공공 공간들이 역사 속에서 태어났다. 공간은 권력의 표현이기도 하다. 많은 역사적 건축물과 도시 공간들이 절대 권력의 의지 아래 만들어진 것도 사실이다. 하지만 세상의 모든 권력은 사람의 수명을 넘어서지 못하고 바스러진다. 남은 사람들은 사라진 권력의 잔재인 공간에 대해 새로운 쓰임새를 연구하고 공간은 결국 사람들의 손으로 다시 돌아오게 된다. 사람들이 받아들이지 못한 공간은 권력만큼 단명할 수밖에 없다.

어느 날 초청을 받아 한 대학교의 건축 설계 수업 마지막 평가를 하러 갈 일이 있었다. 학생들의 과제는 광화문 광장에 대한 새로운 제안을 하는 것이라는 이야기를 미리 들었고, 마침 그 학교를 찾아가는 길에 광화문 광장을 지나게 되면서 유심히 봐야겠다 싶었다. 일찍 찾아온 여름의 햇빛은 광장을 강하게 비추고 있었고, 그늘 하나 없는 광장에는 그래도 제법 많은 이들이 서성이고 사진을 찍고 있었다.

신호 대기하며 차를 멈춘 곳은 새로 만들어진 세종대왕 동상 옆이었다. 높은 동상의 기단부는 서쪽 하늘의 뜨거운 햇빛을 가려 광장에서 유일한 그늘을 만들어주고 있었다. 많은 이들이 전깃줄에 앉은 뚱뚱한 비둘기처럼 나란히 쪼그려 앉아 햇살을 피하고 있었다. 도로 한가운데에 조성된 광장과 거대한 동상은 넓은 도시 공간 가운데를 점유하고 있는 웅장함을 줄지는 몰라도 더위를 식혀줄 작은 그늘은 되어주지 못했다. 광장이란 곳은 그늘이나 벤치가 필요한 공간은 아닐지도 모른다. 하지만 지금의 광장의 모습은 관광객 모드로 쓱 둘러보고 사진을 찍는 것 이외에는 다른 이용의 모습을 볼 수 없었다. 국가적 행사가 있을 시에는 규모에 맞게 교통통제를 하여 도로를 점유하도록 한다고는 하지만* 그것은 시민들의 자유로운 이용과 점유와는 거리가 있는 이야기이다. 공공의 공간은 계획과 관리에 의해 움직이고 존재하는 것이 아니라 시민에 의해 변화하고 새롭게 이용할 수 있는 가능성의 공간이어야 한다.

오랜 친구 한 명이 갓 검사에 임용되고 나서였던 것 같다. 법조계

---

* 이정덕은 『21세기 한국의 문화혁명』에서 2002년 월드컵의 거리응원에 대해 카니발적 속성과 전복의례적 내용을 언급하며 금지되었던 것이 가능해지고 일상적 규칙이 무너지는 비일상적 경험으로 설명한다. 광장을 점유하는 행위가 가지는 일상적 도시공간의 비일상적 경험이 이런 현상을 증폭시켰다고 볼 수 있다.

의 재미난 에피소드들을 주로 듣다가 건축에 대한 이야기로 화제가 옮겨갔다. 나는 근거가 많지 않은 일반화의 오류를 섞어가며 막무가내인 건축주들과 불친절한 공무원과 척박한 건축문화에 대한 이야기를 하면서 투덜대었고, 그 친구도 건축에 대한 자신의 견해를 펼쳐놓았다.

"외국의 도시들은 참 예쁘고 아기자기한데 우리나라에는 그런 곳이 별로 없는 것 같아. 나중에 기회가 된다면 도시를 바꿔보고 싶어."

그 친구는 그때 정치를 하고 싶었는지도 모른다. 한참 시간이 지나 오랜만에 그 친구를 다시 보게 되었다. 도시의 모습은 그 사이 많이 바뀌었고, 우리나라 축구가 강호들을 이기고 월드컵 4강에 올라간 것처럼 우리의 도시들도 더 이상 외국의 도시들이 마냥 부럽지만은 않게 되었다. 옛날 우리가 나눴던 대화를 다시 끄집어내며 그 친구에게 물으니 절대로 정치는 안 하겠다고 펄쩍 뛰었다. 생각보다 적은 월급과 전과 같지 않은 권력의 혜택 속에서 월요일부터 토요일까지 매일 자정이 되어야 퇴근하는 40대 가장의 모습을 한 친구를 보고 왠지 안심이 되었다.

세상을 바꾸겠다는 친구와 편하게 맥주를 마실 수는 없을 테니까 말이다.

| Essay |

병산서원
담을 넘다

건축을 공부하거나 직업으로 삼는다면 좋은 건축물을 보러 다니는 것만큼 좋은 공부도 없다는 것은 당연한 이야기다. 하지만 게으른 사람에게는 쉽지 않은 일이고, 게으름에 있어서 상당한 깊이를 가지고 있는 나에게 건축물 견학은 창피하게도 손에 꼽을 만한 일이었다. 다행히 건축 교육 과정은 게으른 자도 기본적인 소양을 쌓을 수 있도록 준비된 숙제들의 연속이었고 몇 개의 수업들에서는 여러 이유로 건축물을 답사하고 그 과목의 성격에 맞는 리포트를 쓰는 것이 과제로 주어졌다. 지금도 그렇게 찾아가 보았던 건축물들이 내가 그리는 설계도 속에 여전히 영향을 끼치고 있는 것을 보면 숙제의 힘은 위대하다.

내 기억의 가장 먼 곳에 있는 건축물 답사는 병산서원이었던 것 같다. 너무나 유명한 고건축이고, 많은 이들이 좋아하는 건축물이어서 전통에 대한 언급이 필요한 수많은 현대의 건축 프로젝트에서 때론 무분별하게 인용되기도 하는 곳이다.

'동양건축사' 수업의 견학 과제였던 것으로 기억한다. 그때는 이 건축물에 대한 사전 지식 없이 교수님이 나눠 주신 리스트 중 하나를 무심히 골랐던 것 같다. 어쩌면 훨씬 박식했던 어느 선배가 나름 추천을 해줬을지도 모른다. 같은 시기에 복학한 동기와 한 팀이 되어 숙제를 하기로 하고, 함께 안동으로 내려갈 계획을 세웠다. 마침 그 친구의 누이가 소형차를 하나 갓 뽑았을 때였고 그 차는 우리의 답사길에 징발되었다.

고속도로를 달리다 지도를 펴들고 조금 헤맨 후에 병산서원 입구에 도착했다. 문은 잠겨 있었고, 앞에는 줄이 달린 안내판 같은 것에 이렇게 손글씨로 쓰여 있었다.
"읍내에 볼일 보러 나갔습니다. 출입불가. 관리인 백".
아뿔싸, 우리는 숙제를 해야 하는데. 도착한 시간은 이미 오후를 지나 조금만 있으면 어둑어둑해질 때였고 우리는 갈대밭 가운데서 멍하게 서 있을 수밖에 없었다. 핸드폰 따위는 없는 시절이었고, 조금 떨어진 곳에 있던 가게에 가서 관리인이 언제쯤 돌아올지 아시느냐고 물었다. 가게 주인 분이 알 리가 없었다. 그리 많은 이가 찾지 않는 강가의 문화재를 지키고 있다는 것은 매우 지루한 일일 터였다. 분명 관리인은 아침저녁으로 문을 여닫고 상태를 확인하러 잠시 들르는 정도의 일을 할 것이다. 평일에 잠시 닫아놓는다고 뭐 큰 문제는 아닐 것이다. 하지만 우리에겐 큰일이었다.

혹 관리인이 돌아올까 기다리며 주변을 맴돌았다. 좁고 맑은 강 건너에는 말 그대로 병풍처럼 절벽이 펼쳐져 있었고, 가을바람이 갈대를 누렇게 눕히고 있었다. 어렴풋한 기억에 강물은 자연의 병풍 그림자가 물들어 검은 빛이었던 것 같다. 시를 쓰고, 먹을 갈아 그림을 그려야 할 것 같은 가을 오후의 강가에서 우리는 여전히 숙제를 걱정하고 있었다. 공연히 서원 주위를 둘러보기 시작했다. 병산서원은 그리 큰 규모의 서원이 아니었고, 작은 채들이 둘러싼 중정을 중심으로 ㅁ자 배치를 가졌다. 담을 따라 돌다보니 흙바닥이 높아진 곳에 사람 가슴 높이로 담이 낮아지는 곳이 눈에 띄었다. 누가 먼저라 할 것 없이 우리는 서로 얼굴을 쳐다보았다. '넘을까?' 읍내에 나간 관리인은 언제 올 줄 모르니 살짝 넘어갔다 온다면 아무도 모를 것 같았다. 원래 공부를 하던 공간이다. 우리도 공부를 위해 담을 넘는 거다. 불타는 학구열로, 용서가 될 것 같았다.

담을 넘었다. 쿵쾅대던 가슴은 안으로 들어가니 조금은 진정이 되었다. 도서관에서 복사해온 평면도를 보고 어디가 어디인지 확인하고 쓱 둘러봤다. '앞에 있는 것이 만대루이구나.' 강을 바라보고 누각이 하나 있었다. 원래 문이 열려 있었다면 저 누각 아래로 들어왔겠지. 통나무를 깎아 만든 계단을 딛고 올라갔다. 앞에 강 건너 절벽과 강이 보였다. 벽 없이 기둥과 지붕만으로 이루어진 공간. 담을 넘어 들어와서일까. 다른 이들은 볼 수 없는 금지된 공간을 나만이 바라보고 있는 기분이 들었다. 혹시 누가 오지 않나 긴장을 하면서도 강을 바라보며 만대루의 마룻바닥에 앉아야 했다. 그 옛날 누군가도 그랬듯이 그렇게 오래 앉아 있으면 세상은 멈추고 생각은 깊어질 듯했다. 가을 해는 꽤 긴 그림자를 내리고 있었다. 시계의 초침은 똑. 깍. 하고 눈에 띄게 느려졌다. 여전히 관리인의 기척은 보이지 않았다. 아마 오늘은 돌아오지 않을 것 같았다.

그리 담대하지 않은 가슴을 가진 우리는 급하게 몇 장의 사진을 찍고 몇 마디 맥 빠지는 감탄사를 나누고 다시 담을 넘어 돌아나왔다. 리포트를 위해 남들이 쓴 글들을 더 읽게 되었고, 병산서원에 대한 몇 가지 지식을 더 얻었던 것 같은데 지금은 거의 기억이 나지 않는다. 내가 경험한 것이 아니기에 머리에 남지 않았다. 내가 아직도 가지고 있는 것은 담을 넘던 긴장감과 늦가을의 쌀쌀함과 누런 햇빛과 만대루에서 내 주위를 천천히 흘러가던 시간의 느낌이다. 지금 돌이켜보건대 그것은 자연이 가진 힘과 그것을 거스르지 않고 되려 증폭시키는 겸손한 건축물이 만들어낸 시공간의 조화였던 것 같다.

만대루.

꽤 긴 시간이 지나 그때 같이 담을 넘었던, 연필 스케치가 예사롭지 않아 멋진 건축가가 되리라 생각했던 친구는 건설회사와 외국계 컨설팅 회사를 거쳐 카지노가 있는 강원도의 리조트에 직장을 잡았고, 작은 집을 지어 그 앞에 블루베리를 키운다는 소식을 들었다.

나는 그 이후로 여러 프로젝트에서 그때 담 넘어 보았던 만대루의 모습을 떠올려 이야기를 풀어나가곤 했다. 누하진입이 어떻고, 자연을 담는 액자로서의 건축공간을 언급했다. 지금 생각해보면 그렇게 그려내고 만들어진 그 어느 것도 만대루에서 경험했던 시간의 흐름을 만들어내지는 못했던 것 같다. 내가 그때 직접 경험한 것에서 시작하지 않고 남들 하는 이야기, 그들이 써놓은 이야기를 읽고 그대로 떠들어댔기 때문일 것이다. 솔직했다면, 내가 경험해서 알고 있는 것을 전달하려 했다면 사뭇 달랐을 것이다. 책에서 읽은 화려한 수사와 이론이 결코 시계침을 천천히 가게 만들 수는 없을 것이다.

제주도 서연의 집을 디자인하면서 바다가 보이는 긴 창문을 만들게 되었고, 제작팀이 찍은 사진을 보는 순간 갑자기 웃음이 나왔다. 난 여전히 무의식적으로 만대루의 기억을 떠올리고 또 적용하려 했고, 시간을 멈춰보려 하고 있었다. "참 애쓴다. 애써." 자연을 거스르지 않고, 겸손하게 무언가를 만들다보면 언젠가는 내가 경험한 그 느낌을 내가 만든 것들 안에서 다른 이들이 느끼게 할 수도 있을지 모른다. 그렇더라도 오리지널의 힘에 범접할 수는 없겠지. 상관없다. 어쨌든 난 그 시간의 흐름 속에 있어 봤으니까. 그것으로도 충분하다.

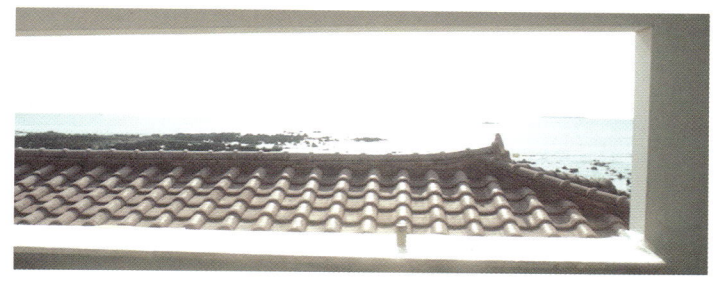

서연의 집 창문.
옆으로 길게 펼쳐지는 창문들…….

| Essay |

뉴욕과 미시간
그리고 서울

대학 졸업 후 2년 정도 설계사무소에 다니다가 약간의 운과 부모님의 많은 희생을 통해 뉴욕에 있는 대학원으로 유학을 가게 되었다. 도전이 필요했고 새로운 배움도 필요했지만 다른 세상을 보고 싶다는 개인적 욕구도 컸다. 하지만 3년의 유학 생활은 어떤 이들의 성공담처럼 그리 모범적이거나 치열한 것과는 거리가 있었다. 문법에 특화된 영어 실력은 편의점에서 담배를 사기 위해

"말보로"라고 발음을 하며 식은땀을 흘리는 정도였다. 하루하루 학업을 따라가기 급급했고, 꽤나 유명한 건축대학 도서관은 과제로 나온 에세이나 쓰는 장소로 이용할 뿐이었다. 건축을 공부하기 위한 자극들이 주변에 어마어마하게 널려 있는데 소화할 수 있는 능력이 부쳤다. 그 도시가 가진 블랙홀 같은 특성 때문에 세계적으로 유명한 건축가들이 교수로, 또 크리틱 패널로 학교를 드나들었고, 다른 학생들의 전투력은 가공할 만했다. 언어의 장벽은 꽤나 높았고, 뉴욕은 호락호락하지 않았다.

스페인에서 태어나고 일본문학 박사과정 중인 친절한 영국인 룸메이트는 내가 가끔 끓이는 된장찌개의 냄새를 아무렇지 않게 여기는 코스모폴리탄이어서 다행이었지만 햇빛이 안 들어오는 내 방 창문 밖에는 독수리만 한 뉴욕의 비둘기들이 과도한 호기심으로 방 안의 동정을 살피곤 했다. 가끔 다른 도시에서 지내는 친구들이나 한국에서 여행차 방문한 이들이 반갑게 찾아올 때서야 그 도시가 가진 유명한 장소들을 둘러볼 여유를 가질 뿐 진정 뉴요커가 되었다는 기분은 떠날 때까지 가질 수가 없었다.

문화적 환경으로나 건축이라는 학문 자체를 공부하기에 뉴욕만큼 많은 것을 제공하는 도시도 없는 것이지만 그런 혜택을 온전히 경험하기에는 나는 너무 소극적이고 게으른 학생이었다. 졸업할 때 즈음해서 그 모든 것을 내 것으로 만들지 못한 것이 안타까웠지만 어쩔 수 없었다. 어쩌면 학교는 게으른 학생에게는 그런 아쉬움을 주어 세상에 내보내는 곳일지도 모른다. 어딜 가든지 그 아쉬움으로 계속 공부를 할 동기가 되도록 말이다.

 졸업할 즈음 건축경기는 그리 좋지 않았고, 어느 대형 설계사무소는 사람들을 많이 해고하고 한 층을 비웠다는 흉흉한 소문들이 떠돌았다. 뉴욕에서 직장을 잡는 것은 경쟁이 심했고, 그 와중에 미시간에 있는 회사에서 제안을 받았다. 일자리에 대한 조바심과 뉴욕이라는 도시에 대한 약간의 삐짐과 넓은 땅이 있는 진정한 미국을 보고 싶은 마음까지 덧붙여져서 결정은 빨랐고 얼마 안 되는 짐을 싸서 준비를 했다. 뉴욕을 떠나기 전날, 친하게 지낸 두 명의 한국 동료 학생들이 차를 빌려왔다. 떠나기 전에 뉴욕을 한 바퀴 돌자는 고마운 굿바이 이벤트였다. 문을 열고 맨해튼의 서쪽 허드슨 강을 따라 강변의 도로를 달렸다. 차의 오디오에 스파이크 리 감독이 만든 영화 〈25시〉의 사운드트랙을 걸고 영화 속 에드워드 노튼이 맨해튼을 떠날 때의 장면처럼, 달리는 차 뒤로 거친 도시에서의 지글지글했던 3년을 흘려보냈다. 창 밖의 맨해튼은 떠나는 날까지 나와 눈을 맞추지 않고 그저 자기 하던 일을 바쁘게 하고 있었다.

 직장이 위치한 미시간은 맨해튼과 정반대의 모습을 가지고 있는 곳이었다. 디트로이트의 북쪽, 호수를 만나기 전에 넓게 퍼진 평야에 위치한 전형적인 미국 외곽suburban 지역이었다. 자동차가 없으면 담배도 살 수 없는, 낮은 집들과 고만고만한 나무들이 끝없이 펼쳐져 있는 곳이었다. 도심 공동화의 위기를 오랜 기간 겪고 있는 디트로이트를 벗어나서 상대적으로 여유로운 백인들이 자리 잡은 교외지역 중 한 곳에 내가 갈 회사가 있었다. 미시간에 오자마자 새로 들어갈 아파트를 알아보려 그곳에 사는 친구의 도움으로 차를 얻어 타고 돌아다녔다. 한 시간쯤 이곳 저곳을 다니고 나니 머리가 너무 아파왔다. 공기는 다른 곳과 비교할 수 없을 정도로 상태가 좋았는데 그 원인을 알 수 없었다. 한참 지나 깨달았다. 선글라스를 끼지 않은, 도시에 익숙해진 내 눈에 넓은 하늘이 반사하는 복사광은 버거웠던 것이다. 하늘을 가려줄 건물과 그 그늘 속을 걷던 내 몸이 아직 미시간의 하늘에 적응하지 못한 것이다.

맨해튼의 작은 아파트에 비교하면 훨씬 저렴한 가격에 수영장까지 있는 아파트를 구하고 중고차를 산 다음 출근을 시작했다. 퇴근을 하면 대충 장을 보거나 음식을 포장해서 블록버스터Blockbuster라는 비디오대여점에 들렀다. 최근 영화부터 빌리기 시작해서 저녁을 먹으며 영화를 보고 잠자리에 들었다. 저녁에 할 일이라고는 텔레비전을 보거나 회사 동료들과 함께 간단히 맥주 한잔을 하는 것, 그것도 아니면 차를 타고 가야 하는 거대한 쇼핑몰에서 할 일 없이 불필요한 생활용품을 뒤적거려 사는 것 외에는 없는 곳이었다. 모든 이들이 친절했고, 그만큼 지루했다. 시간이 얼마 지나지 않아 블록버스터에는 내가 볼 최근 영화는 없어졌고, 맨 앞 진열대 왼쪽 위에서부터 차례로 영화를 보기 시작했다. 싸구려 B급 영화에서부터 평소에는 그리 끌리지 않던 히치콕의 작품까지 저녁 식사의 동반자가 되었다.

미국의 동쪽 시간대에 속한 서쪽 끝 지역이어서 여름에는 8시까지 해가 지지 않았다. 5시에 퇴근을 하고 집에 오는 길에 있는 골프장

에 오면 2만 원 조금 넘는 돈으로 해가 지기 전까지 혼자 18홀을 돌 수 있었다. 어디를 가나 예쁜 단풍이 들었고, 주말이면 잔디 깎은 냄새가 공기를 지배했다. 겨울이 오면 운전하기 힘들 정도로 눈이 오곤 했다. 스키를 타기 좋은 몽실몽실한 눈이 왔지만 가까운 스키장은 난지도처럼 근처의 쓰레기를 쌓아놓은 인공산이 전부였다. 겨울철에 얼어붙은 세인트클레어 호는 자동차를 몰고 들어설 수 있을 정도로 꽝꽝 얼었고, 한없이 넓게 펼쳐진 얼어붙은 호수 위로 부는 눈바람은 세상의 끝처럼 느껴졌다. 미시간은 언제나 변함이 없었고 안정적이었으며 극도로 편안한, 바람 따위는 불지 않는 깊은 물속 같았다.

30대 초반을 보낸 미국의 두 장소는 하나도 같은 것이 없었다. 뉴욕은 숨이 막힐 만큼 아름답고 매력적인, 그러나 나에게 눈길 한번 주지 않는 짝사랑의 여인 같았고 미시간은 시골길 옆 식당에서 밥 한 공기를 더 내밀어주는 푸근한 주인아주머니 같았다. 얼마 후 오래된 나의 도시로 돌아오는 비행기를 탔고 하늘 위에서 빛나는 서울의 불빛을 보았다. 뉴욕과 그리 다르지 않은 모습이지만 이곳에는 나를 반기는 것들이 더 많고, 적어도 담배를 사며 긴장하지 않아도 되며, 지루할 틈을 주지 않는 바람이 불었다. 이곳에 와서 다시 일을 시작했고, 한 여자를 만나 결혼을 했다. 아내는 만나면서 편안함과 긴장감을 동시에 주는 여자였다. 다만 나의 바람대로 그 두 가지를 때에 맞춰주는 것은 아니었지만. 서울에서 우리는 신혼집을 차렸다.

뉴욕의 거리.

| Essay |

건널목, 편의점 그리고
담배와 커피

한 십 년쯤 전에 이용주 감독과 나는 한 동네에 살았다. 그때 감독은 영화관에 뛰어들어 〈건축학개론〉의 초고를 쓰고 있었고, 난 심심한 미국 생활을 접고 들어와 서울의 삶이 얼마나 재미있는가를 뼈저리게 느끼던 삼십대 중반의 직장인이었다. 내 집에서 길 하나를 사이에 두고 이 감독의 집이 있었기에 가끔 밤늦게 건널목에 있는 편의점 앞에서 만나 음료수를 마시고 담배를 나눠 피며 수다를 떨었다.

 영화 일이 고되고 시나리오가 진전이 안 될수록, 또는 거듭되는 야근에 지쳐가고 건축 설계라는 분야의 어려움을 알아갈수록, 어쨌거나 세상 사는 게 점점 더 녹록치 않으면서 우리는 더 자주 만났고 함께 피는 담배는 늘어갔다. 대부분 우리가 그곳을 찾아가는 시간은 편의점에 물건들을 새로이 들여놓는 시간이었어서 흩어져 있는 과자와 우유 박스들을 조심해서 피해 걸어야 작은 가게 안으로 들어갈 수 있었다. 매번 마실 것을 사고, 떨어진 담배를 사고, 가끔 배고픔을 못 이겨 삼각 김밥 등을 사서 계산을 했다. 그 편의점의 주인은 마음 좋은 중년의 부부였는데 자주 가는 우리들을 기억하고, 우리가 피우는 담배의 브랜드를 기억해서 계산대 위에 미리 놓아주는 작은 친절도 잊지 않았다.

 편의점이 있던 상가는 꽤 오래전에 지어진, 우리나라에서 보기 드문 아케이드* 타입의 연도형 상가였다. 아파트가 지어지기 시작할 무렵 외국의 사례들을 참조해서 만든 것처럼 보이는 상가는 도로면으로 복도가 있는 두 개 층의 상가였기에 1층의 상가 앞은 2층의 복도가 발코니처럼 덮고 있어서 날씨가 궂은 날도 비와 눈을 피할 수 있었다. 편의점 옆에는 안경 가게가 있는데 독특하고 예쁜 만큼 가격이

---

* 죽 늘어선 기둥 위에 아치를 연속적으로 만든 것. 또는 아치로 둘러싸인 공간. 상점 앞에 눈,비와 따가운 햇살을 피해 거리를 걸을 수 있도록 조성된 통로이다.

만만치 않은 안경테들을 판매하는 곳이었다. 안경점의 쇼윈도에 붙어 있는 광고 속 여자 연예인은 인기의 부침에 따라 매번 바뀌었고, 줄지어 놓여 있는 빈 커피캔류의 쓰레기가 우리보다 먼저 거리를 방황하던 사람들이 있었음을 말해주었다. 우린 그 앞에 앉아 간혹 지나가는 심야의 택시를 눈으로 쫓으며 투덜투덜 수다를 떨었다.

 영화 속 승민이 친구 납득이의 독서실 옆 계단에 앉아 자신의 연애에 대한 공허한 원 포인트 레슨을 받듯이 우리 또한 우리가 만나는 모든 사람과 모든 사건, 모든 여자들에 대해 서로 아낌없이 그러나 아무런 무게감 없이 쏟아내는 조언을 주고받았다. 그렇게 주고받는 조언 속에 나는 지금의 아내를 만나 청혼을 했고, 감독은 프러포즈의 순간에 숨어 있다 사진을 찍어주는 수고를 마다하지 않았다.

 길 건너 나의 집은 그대로 신혼집이 되었으며, 그 이후에도 우리의 편의점 밤마실은 계속되었다. 둘 다 만만치 않은 야행성 피를 타고 났기에 밤에 돌아다니는 것이 숨 쉬듯 자연스러운 것이었지만 갓 결혼한 아내에게는 이해하기 힘든 것이었다. 가끔 이 감독을 만나러 잠시 나갔다 오겠다며 대문을 나서는 내 등짝에 꽂히던, 마치 바람피우러 나가는 남자를 보는 듯한 아내의 시선은 여전히 생생하다.

 아이가 태어나고, 한 번도 부모 곁을 떠나본 적이 없는 아내의 외로움이 극이 달했을 때 우린 잠시 처가가 있는 동네로 이사를 갔다. 주변 인구가 훨씬 많고, 큰 백화점과 마트가 가까이 있는 곳이었는데 그중에서도 우리가 이사를 간 곳은 주거형 오피스텔로 거대한 주거 단지를 배후로 하는 상업지역 안에 위치하고 있었다. 상대적으로 높은 사무실 빌딩과 상업시설들, 그리고 오피스텔들에 둘러싸여 있는, 반질반질한 화강석 포장길 위로 굶주린 비둘기들이 몰려다니는 곳이었다. 이 감독 또한 다른 동네로 이사를 갔고, 가끔 다른 곳에서 맥주를 마시고 땅콩을 까며 만나기는 했으나 더 이상 편의점 마실은 이어질 수 없었다.

한 이 년을 그곳에서 보낸 후 다시 아내를 꼬셔서 어렵사리 내가 이십몇 년을 살던 동네로 돌아왔다. 핑계는 무리를 해서라도 아이에게 뛰놀 수 있는 더 나은 환경을 주고 싶다는 것이었지만 내심 난 '나의 동네'로 다시 돌아오고 싶어 했던 것이다. 이미 많이 변했고, 어릴 적 친구들은 많이 떠났지만 긴 세월 쌓여온 기억들, 국민학교 때부터 먹던 떡볶이집의 맛, 아직도 불친절한 약국 아저씨의 퉁명스런 말투까지 동네가 주는 아무 근거 없는 편안함은 쉽게 잊을 수 있는 것이 아니었다. 아내는 내가 갖다 붙이는 이런저런 핑계와 이유들을 무던히 받아주었고 조금 무리가 되었지만 전보다 조금 더 넓은 집으로 옮기는 것에 만족을 했다.

아이는 금방 적응했고, 아내도 동네 떡볶이집 맛에 익숙해졌으며 상가 이층의 멋쟁이 소아과 선생님과 금방 친해졌다. 다시 찾은 편의점 아주머니는 내 얼굴을 기억했다. 이젠 동네를 떠난 영화감독 친구(그때는 감독 지망생이었지만)의 안부를 잊지 않고 물어보았고, 가끔 아이와 함께 편의점에 들르면 막대사탕을 몰래 손에 쥐어주곤 했다. 드디어 십여 년 동안 준비한 〈건축학개론〉이 영화화된다고 했을 때 주인아주머니의 반응은 내가 아는 모든 이의 것을 능가하고도 남았다. 아주머니는 그동안 밤늦은 시간에 시나리오 작업에 지쳐 바람 쐬러 나온 감독에게 팔았던 담배와 콜라의 양만큼 영화에 대한 정신적 지분을 가지고 있는지도 모르겠다.

삼십 중반을 넘어가는 두 남자가 12시 넘어 이야기를 나눌 곳은 술집이 아니면 몇 군데 되지 않는다. 건널목 편의점 옆 작은 공간은 고만고만한 고민들과 삶의 피로, 그리고 해결되지 않는 외로움들을 친구와 나누기에 가장 적절한 곳이었다. 편의점은 그저 도시 한구석 길모퉁이에 있는 설명하기도 애매한 그런 곳이다. 하지만 아무리 예쁘고 아름다운 곳이라도 내가 자주 가는 곳이 아니라면 '나의 장소'는 아니다. 우리들에게 진정한 '기억의 장소'는 어떤 드라마틱한 기억 속 이벤트의 백그라운드가 돼준 장소보다 지겹고 별 볼일 없는 일들이 쌓이고 반복되던, 별로 특별할 것 없는 곳일지도 모른다. 반복된 방문이 패턴을 만들고, 패턴은 삶의 궤적을 만들고 우린 그 궤적 안에서 기억을 쌓아간다. 우린 그래서 가던 곳에 또 가고, 그곳에 기억을 새겨 넣고, 단골집을 만든다.

아직도 나는 건널목 편의점에 가끔 들러 아내와 마실 맥주를 사고 아이를 위해 아이스크림을 사며 아직도 끊지 못한 담배를 산다. 감독은 여전히 다른 동네에 살지만 곧 다시 돌아올 계획을 세우고 있다.

그의 계획이 차질 없이 진행된다면 조만간 새벽녘 편의점 트럭이 새로운 상품들을 쏟아놓을 때쯤 이제 마흔 중반을 바라보는 친구 둘이 길거리에 주저앉아 담배를 물고 캔 커피를 홀짝거리고 있는 모습을 다시 동네에서 볼 수도 있을 것이다.

| Essay |

커튼홀
장소의 힘

3년 전에 오랫동안 다니던 회사를 그만두고 내 이름을 걸고 독립을 할 생각을 하게 되었다. 언젠가 홀로서기를 해야 한다면 더 늦기 전에 부딪혀봐야 할 것 같았고, 주변의 몇몇 지인들은 "구 소장은 잘할 수 있을 거야"라며 용기와 바람을 동시에 불어넣어주었다. 고민은 길지 않았고, 맡았던 일들이 뜸해질 즈음에 회사에 결심을 이야기하고 같이 있던 막내 사원 한 명을 잘 구슬려서 데리고 나와 내 사무실을 내게 되었다. 처음 필요한 것은 장소였는데 당장 어딘가에 사무실을 임대하기에는 부담이 되었고, 마침 그때, 전에 다니던 회사가 새로운 장소로 이사를 가게 되어서 새로 들어가는 공간 한 켠을 얻어 쓰기로 양해를 구했다. 새로 이사하게 된 곳은 주택을 개조한 사무실이었고, 마당을 바라보는 작은 방 하나가 내 공간이 되었다. 더부살이치고는 좋은 환경이었고, 직원과 나 둘이서 쓰기에도 충분한 공간이었으며, 전 직장의 동료들이 가까이 있다는 것은 회사를 처음 시작할 때의 불안감을 많이 줄여주었다.

1년 정도의 시간을 그곳에서 보낸 후, 비로소 진정한 독립을 하기 위해 새로운 장소를 찾아야 했다. 시작하는 내게 많은 배려를 해주었던 전 직장은 늘어난 일과 인원 때문에 공간이 더 필요했고 나 또한 정식으로 독립을 할 필요가 있었다. 부모에게서 완벽한 독립을 하려면 재정적으로나 공간적으로나 떨어져 나와야 하듯 나만의 공간을 찾아야 했다. 직원과 함께 여기저기를 돌아보며 새로운 사무실이 될 후보들을 찾아 다녔다. 공간을 알아보는 것은 어떻게 보면 쇼핑을 하는 것과 같아서 즐거움이 있음과 동시에 적절한 피로감도 동반한다. 한눈에 맘에 드는 곳도 다시 생각하면 이런저런 이유로 망설여지게 된다. 잘못된 선택을 할 경우 옷 하나를 사는 것과는 비교할 수 없을 정도로 막대한 후회를 남기는 일이다. 심사숙고 끝에 결정한 곳은 가로수길에 위치한 사무실이었다. 본래 인테리어 사무실로 쓰던 곳이어서 네다섯 명 정도 규모의 작은 회사가 있기에 적절한 곳이었고 긴 창 밖으로 보이는 가로수와 그즈음 예쁜 가게들이 몰려들기 시작한 거리의 분위기는 더할 나위 없이 매력적이었다. 하지만 인연이 안 닿았는지 어떤 사정으로 인해 그곳으로 갈 수 없게 되었고, 대안은 묘연했다.

그때 이화여자대학교의 김광수 교수와 01 studio의 조재원 소장에게서 연락이 왔다. 교수님은 자신의 작업실로 쓸 공간을 찾고 있고, 조 소장님도 사무실을 옮기려 하는데 이태원에 좀 큰 공간이 있어서 나눠서 같이 쓰면 좋겠다는 이야기를 전했다. 자주 만나는 사이는 아니었지만 내가 좋아하는 선배들이기에 괜찮겠다는 생각을 했다. 날짜를 조율해서 빈 공간을 보러 이태원에서 만났다. 둘러본 공간은 무척 특이했다. 이태원길에서 순천향 병원이 있는 곳으로 내려가는 터널 위에 가파른 경사를 등지고 놓여 있는 오래된 건물의 3층이었다. 1층에는 건물주가 운영하는 프렌치레스토랑이 있었고, 2층에는 갤러리가 있었으며 옥상에는 건물주의 주택이 있었다. 3층 사무실은 긴 평면을 가지고 있었고, 창문이 한쪽 면을 다 차지하고 있어서 내부는 제법 밝았다. 싸구려 천장재가 붙어 있는 천장은 낮았지만 살짝 뜯어보니 그 속에 보이는 슬래브는 꽤 높았다. 북동쪽을 바라보는 건물의 앞에는 공영주차장이 있어서 시야가 넓게 트여 있었고 그 주차장에서 보면 건물의 긴 띠창은 마치 르 코르뷔지에의 빌라 사보아를 보는 느낌이 든다고 세 명의 건축가는 키득거렸다. 누가 먼저랄 것 없이 흥분해서 바로 그 자리에서 결정을 하게 되었다. 건물주는 오랫동안 비워두었던 공간에 디자이너들이 오는 것을 즐거워했다.

커튼홀 건축사무실의 수리 이전 모습.

영화 〈건축학개론〉에도 등장했던 커튼홀 건축사무실.

그 뒤로 한 달 동안 매주 금요일에 이태원 커피 전문점에 모여 인테리어 디자인을 시작했다. 세 명의 가난한 그러나 까다로운 건축가가 의견을 맞추는 건 쉽지 않은 일이다. 예산은 없고 꿈꾸는 것은 항상 저 위에 있었다. 하지만 세 명은 꽤나 금요일의 회합을 즐겼다. 한참 떠들며 새로운 공간을 함께 꿈꾼다는 것은 즐거운 일이었다. 길고 큼직한 공간을 적당히 셋으로 나누되 직원들의 공간은 열려 있어서 작은 사무실에 다니는 직원들이 갑갑해하지 않도록 신경을 썼다. 사무실 공간 앞에는 작은 바와 같이 쓸 수 있는 넓은 회의 공간을 마련하기로 했다. 셋으로 나눈 공간을 어떻게 차지하느냐가 신경 쓰일 수 있는 부분이었는데 의외로 쉽게 결정이 되었다. 아늑한 공간을 원하는 조재원 소장님이 가장 안쪽의 공간을 원했고, 넓은 공간감을 원하는 내가 가운데를 차지했으며, 담배를 많이 피우는 김광수 교수님이 바깥으로 나가는 동선이 짧은 입구에 가까운 곳을 택했다. 돌아가며 인테리어 공사를 감독하고 차근차근 짐을 옮겨 왔다. 이렇게 새로운 이태원의 세계가 시작되었다.

회의용 홀에는 약간의 재미가 필요했기에 타원형의 레일을 설치하고 밝은 녹색의 커튼을 달아 회의를 할 경우 커튼을 닫아 프로젝션을 할 수 있는 음영을 만들 수 있도록 했다. 다들 이사를 한 후에 장소의 이름을 만들자고 이야기를 했다. 장소를 기반으로 세 명이 모여 무언가를 꾸민다는 전제는 커피숍에서 인테리어 디자인을 할 때부터 나온 이야기였기에 장소의 이름은 중요했다. 여러 이야기를 하다가 커튼이 있는 회의 공간에서 착안하여 '커튼홀'로 이름을 짓기로 결정했다. 커튼이 열리고 닫히며 공간을 연결하고 나누듯이 유연하고 열려 있는 공간으로서 세 명의 건축가뿐만 아니라 다른 이들도 언제든지 들어오고 나갈 수 있는 공간이기를 바라는 의미를 담았다. 간판의 디자인을 하고, 오프닝 파티의 초대장을 돌리고 어마어마한 인원의 손님들이 장소의 탄생을 축하하러 방문했다. 모두들 공간의 모습을 좋아했으며, 이태원의 새로운 식구들을 축복해주었다. 장소의 이름이 박힌 노란 간판 때문에 점집인 줄 알고 올라오는 분들과, 커튼 만드는 곳이 아니냐며 올라온 동네 주민들 또한 반가운 손님이었다.

거칠게 마감한 작은 바에서는 동아리방처럼 소장들의 수다가 새벽까지 계속되었다. 커튼홀이라는 이름으로 블로그를 만들고, 일 외에 다른 재미가 필요하다는 핑계로 공개 세미나인 open@curtainhall과 외부 손님을 모셔서 요리를 하며 편안하게 이야기를 나누는 요리토크인 cook@curtainhall을 하기 시작했다. 그렇게 초대된 손님들 또한 커튼과 콘크리트 블록을 좋아했다. 조금 덜 깔끔하고, 조금 거칠고, 조금 지저분한 공간의 모습은 그곳에 온 사람들에게 그만큼의 편안함을 주고, 몸의 편안함은 마음의 긴장감을 더 내려놓게 만든다. 시간이 지나고 공간에 익숙해질 즈음 운동이 부족한 것 같다는 이야기가 나와 바로 탁구대를 사게 되었다. 커튼홀은 접이식 탁구대를 놓기에 그럭저럭 괜찮았고 종종 늦은 시간까지 게임을 즐기게 되었다. 갑자기 건축계에 탁구 붐이 불기 시작해서 심지어 몇 명의 건축가들은 탁구 레슨을 받기 시작했다. 이후, 커튼홀 아래 빈 공간에 'Space Mo'라는 갤러리가 들어섰고, 이를 운영하는 주인은 그 넓은 공간을 탁구

커튼홀 오프닝 파티.

대회를 위해 흔쾌히 내주었다.

　영화 작업에 참여하기로 결정한 후에 이용주 감독이 사무실에 찾아왔다. 한참 영화 사전 준비 기간이어서 영화에 나올 여러 장소들을 헌팅하고 있을 때였고, 사무실을 둘러보고 영화 속 승민의 사무실로 커튼홀을 써도 되겠냐고 물어왔다. 같이 있던 김광수 교수와 조재원 소장도 흔쾌히 동의를 했고, 그렇게 커튼홀은 영화 속에 등장하게 되었다. 영화가 상영된 이후 찾아온 많은 이들이 마치 영화 세트를 둘러보듯 사무실 곳곳을 호기심 어린 눈으로 보고 가곤 했다. 그중 몇몇은 이야기해주기 전까지는 영화 속 공간이라는 것을 눈치채지 못하고 사뭇 놀라곤 했다.

　우리는 복잡한 사회를 살아가기 위해 사람들과 이벤트들을 엮고자 많은 노력을 한다. 인간관계, 네트워크에 대한 책들이 서점에 깔리고, SNS 붐을 타고 서로 친구 맺기에 바쁘다. 하지만 사람들을 기계적인 연결로 묶어놓는다고 같은 생각을 하게 되거나 나의 편이 되지 않고, 억지로 사람들을 모아놓는다 해도 그 안에서 동일한 시너지가 생성되지는 않는다. 겉도는 관계들을 좇아 이리저리 뛰어다니는 것은 참 허한 일인 듯싶다. 물리적 접촉이 점점 줄어들고 피상적인 관계들이 늘어갈수록 한 공간에서 같은 시간을 나누는 직접적인 경험이 중요해진다. 공간의 힘이 작용하는 순간이다. 물리적 장소와 공간의 힘은 사람들을 자발적으로 모이게 하고, 무장해제하게 만들며, 그곳에 같이 있는 다른 이들과 깊은 관계를 맺게 한다. 다른 사람들과 더 깊은 관계를 맺고 싶다면, 그 속에서 새로운 생각과 이벤트를 만들어내고 싶다면 우선 그런 행위가 일어날 수 있는 장소와 공간을 먼저 고려하는 것이 더 효과적일 수 있다. 장소를 통해 다양한 사람들이 부딪히고 서로의 의견을 교환할 때 새로운 아이디어와 재미가 생겨날 수 있다. 행위가 강요되지 않을 때, 공간은 그렇게 조용히 사람들과 그들이 만들어내는 관계를 변화시킬 수 있다.

제 1,2회 커튼홀 탁구 대회.

| Essay |

놀이동산
어버니즘

밤낮을 바꾸어 사는 생활 패턴 덕에 평일에 딸아이와 많은 시간을 보내지 못하는 건축가 아빠로서 가족에게 항상 미안한 마음을 가지고 있다. 주말이면 주중의 피로가 쌓여 항상 미적대다가 어디든 나가고 싶어 하는 가족의 마음을 배신하기 일쑤다. 그래서 생각해낸 꼼수가 놀이동산 연간회원권을 끊는 것이었다. 연간회원권의 가격은 그리 만만한 것은 아니지만 가장의 역할을 하기 위한 일종의 장치로서 투자할 가치가 있었다. 일단 주말에 별다른 일정이 없을 때는 회원권 카드를 목에 걸고 무작정 차를 몰고 출발하면 되는 편리함이 있었다.

전부터 나는 동물원과 놀이동산에 대한 막연한 애착을 가지고 있었던 터라 즐거운 일이었고, 아이는 동물을 무척 좋아했다. 아내는 놀이동산의 야외 펍에서 마시는 맥주와 구운 소시지를 좋아했기에 모두가 만족스러운 외출이었다. 아이가 조금 더 크면서 무서움이 없어져서 놀이기구를 탈 수 있게 되었고, 생각한 것보다 스릴을 즐길 줄 알았다. 아내는 솜사탕과 젤리를 사면 아이와 내가 싸우지 않도록 배분하는 것에 심혈을 기울였고, 단것을 아이 못지않게 좋아하는 나는 항상 아이 몰래 더 먹고 나서 들킬 경우 아빠가 몸이 더 크니 더 먹어야 한다는 핑계를 댔다.

여가 시간을 제대로 누리기 위해서는 약간의 노력이 필요하게 마련이다. 일단 어떤 것을 할지를 결정해야 하고, 그다음엔 재미있는 것들을 도대체 어디 가야 즐길 수 있는지를 알아본다. 이왕 집을 나섰으면 돌아다니면서 이것저것 해야 하기에 주변에 찾아볼만 한 것들을 추가해서 만약 그것이 흩어져 있다면 최단 동선의 루트를 짜야 한다. 언제쯤 어디에서 무엇을 먹어야 할지를 결정해야 하고, 또 이 모든 할 거리와 먹을거리들이 꽤 재미있고 맛난 것이어야 한다. 맛없고 재미없는 것만 경험한 날은 집에 와서 괜히 찜찜해지는 기분을 벗어날수 없다. '완벽한 하루'는 그리 쉽게 만들어지지 않는다. 하루를 즐기는 단순한 행위도 뜯어보면 이리저리 신경 쓸 것들이 많고 그 탐색과 결정의 과정이 때론 귀찮아진다. 이렇게 즐거움을 찾는 욕구와 편리함을 찾는 게으름이 겹쳐지는 지점에 거대 자본이 들어가 있는 위락시설과 쇼핑센터가 존재한다.

쉽고 빠르게 여가를 즐길 수 있도록 먹을 것과 놀 것들, 그리고 살 것들을 한곳에 모아놓은 것이 놀이동산과 쇼핑몰이다. 놀이동산에 가면 정해진 루트에 따라 끊임없이 우리의 감각을 자극하는 것들이 나열되어 있다. 계산된 즐거움의 지도에 따라 탈것들과 볼 것들은 정교하게 배치되어 있고 모든 것이 우리의 일상생활에서 경험할 수 없는 즐거움들을 어떻게 효과적으로 제공하느냐에 초점이 맞춰져 있다. 중간 중간에 혈당을 높여줄 만한 달콤한 것들의 유혹이 우리를 잡아끌고, 세계 각국의 음식이 일반적인 기대에 벗어난 가격표를 달고 우리를 맞이한다. 몇 년 사이 우리의 삶과 더욱 관계를 맺고 몇 가지 사회적 문제 또한 만들어내고 있는 대형 마트나 복합 쇼핑몰의 메커니즘도 동일하다. 한군데에서 모든 욕구를 해결할 수 있다는 것이 거대 위락·쇼핑 복합 공간이 사람들을 유혹하는 가장 강력한 무기이다. 극장과 쇼핑이 결합되고, 마트에는 푸드 코트, 안경점, 펫 스토어뿐만 아니라 심지어 치과, 소아과와 부동산까지 같이 자리하고 있다.

이런 복합화된 위락 상업 시설의 원류는 미국이다. 대도시를 제외하고는 워낙 넓은 땅에 흩어져 살고 있는 인구밀도를 가진 미국에서

복합 쇼핑몰 내 다양한 시설들.

는 장사가 될 만큼의 인구를 모으려면 거대한 몰을 만들어 그곳에 상업시설을 몰아넣고 많은 이들이 차를 타고 먼 거리에서 올 수 있도록 만들어야 했다. 그곳에서 거대 쇼핑몰은 탄생했고,* 전성기를 보냈으며, 지금은 거대 공룡의 위기에 처해 있다.

이렇게 미국의 교외 쇼핑 문화에서 발원한 거대 쇼핑몰과 복합 쇼핑몰이 요즘 우리나라에서 급격하게 늘어가고 있는 것은 신도시 개발과 재개발, 재건축을 통해 도시 단위 공간들이 거대화된 까닭일 수도 있다. 쉽게 이야기하면 흩어져 있던 주택들과 작은 가게들은 없어지고 그 자리에 큼직큼직한 덩어리의 아파트 블록과, 상업성을 위해 한데 모여 있도록 계획된 상가들이 들어서게 되면서 집 밖으로 나와 무언가를 사러 나가는 길이 점점 더 멀게 느껴지기 시작했다는 것이다. 어차피 멀어진 가게를 찾아가느니 아예 차를 타고 나가 모든 상품을 좀 더 싼값에 파는 대형 마트나 쇼핑몰로 '몰링Malling'을 하러 가게 된다.

거대한 주거 블록과 멀리 떨어진 큼직한 상업 지역, 군데군데 있는 거대한 공원 녹지는 경험의 주체인 이용자 측면에서 세밀하게 계획

---

* 2001년 발간된 《Harvard Design School Guide to Shopping》은 쇼핑이라는 문화가 지배하는 현대 공간에 대한 재미있는 분석들로 가득 차 있다. 이에 따르면 미국은 전 세계 판매시설면적의 39%를 가지고 있는 나라이고, 1990년대에 거대 쇼핑몰은 이미 위기 상황에 처했다.

되었다고 보기는 힘들다. 관리자와 계획한 사람의 입장에서 편하게 지도 위에 선을 그은 것뿐이다. 용도별로 큼직하게 모아놓아야 개발과 관리가 편하고 문제가 덜 생기고 효율성이 좋다는 믿음을 바탕으로 만들어진 의식 체계의 결과일 뿐이다. 이렇게 만들어진 공간의 구조 속에서는 다른 프로그램들 간의 근접성이 현저히 떨어져서 사람들은 그것들을 오가는 것에 피로감을 느낀다. 그래서 모든 것이 한 번에 해결되는, 차를 타고 꽤 가야 있는 거대한 단일 공간을 찾아간다. 그곳에서 사람들을 만나고, 영화를 보고, 쇼핑을 하고, 마트에 들러 카트에 가득 생필품들을 채워 트렁크에 쑤셔넣고 집으로 돌아온다.

한편 이렇게 거대한 위락 쇼핑 복합 공간이 늘어가면서 그것이 주는 편리함이 지루해지고 어디서나 볼 수 있는 똑같은 상점들과 식당 체인의 일률적인 입맛에 싫증난 사람들은 문화적인 만족감을 충족시켜주지 못하는 몰을 떠나 거리로 다시 돌아가는 현상도 보인다. 몇몇의 거리가 여느 쇼핑몰이나 마트만큼 많은 유동인구가 모이는 공간이 되는 이유이다. 흔하지 않은 옷을 파는 편집 숍과 테이블 몇 개가 놓인 개성 있는 식당이 유행이 되는 것은 저 반대쪽에 균일화되고 재미없어진 쇼핑몰이 있기 때문일 수 있다.

도시의 생명은 다양성이다. 서로 다른 것들이 공존해야 살맛이 난다. 대형 마트와 놀이동산, 복합 쇼핑몰이 저 끝단에서 편리함과 저렴함을 무기로 사람들을 유혹한다면, 이쪽에는 특별함과 개성을 가진 작은 쇼핑 공간과 문화 공간들이 늘어선 도시 공공 공간이 필요하다.

이런 이유로 도시 공공 공간의 경쟁자는 다른 도시의 공간이 아니라 놀이동산과 쇼핑몰이다. 사람들의 여가시간을 누가 더 가져가느냐의 문제이기 때문이다. 놀이동산과 쇼핑몰로 사람들이 모일 때 거리와 공원은 이용도가 낮아지며 작은 동네 가게는 수익이 나지 않고 문을 닫는다.

놀이동산에 가면 하나의 이벤트에서 다른 하나의 이벤트로 넘어가는 것에 그리 많은 시간이 걸리지 않는다. 롤러코스터를 정신없이 타고 나오면 바로 목을 축일 수 있는 펍이 있고, 동화 나라를 나오자마자 팝콘이 기다린다. 정교하게 짜인 공간의 구성은 끝없이 사람들에게 인공적인 즐거움의 자극을 주며 인파의 몰림을 적절히 배분한다. 밀도 높은 도시 내 일상의 공간에서 이벤트 간의 연결이 놀이동산의 집적도만큼 이루어진다면 멋진 일일 것이다. 일상 공간의 프로그램들은 놀이동산만큼 자극적인 경험을 주지 못하겠지만, 누군가에 의해 전체적으로 계획되고 운영되지 않는, 각각 독립적인 도시 공간들의 연속은 좀 더 여유로우면서도 항상 변화하는 경험의 즐거움을 줄 수도 있다.

운동장과 식료품 가게와 도서관이 걸어갈 정도의 거리에서 서로 연결되고 그것들을 오가는 길에는 가로수가 만들어내는 적절한 그늘과 작은 벤치, 가판대가 있다. 그리고 커피숍과 철물점, 옷가게와 공원이 자전거로 닿을 수 있는 거리에 적절히 배치되어 있다. 이미 조성된 거대 블록 안에 이 근접성을 높여줄 작은 장소들을 덧붙이고, 새로이 개발되는 곳에서는 이런 거리 공간의 연속적 경험을 중시해서 계획이 될 때 동네에서도 하루를 즐길 수 있는 놀이동산의 지도가 만들어질 수 있다. 우리는 그 지도를 따라 게으름을 이겨내고 조금 더 일상을 즐길 수 있을 것이다.

연간회원권의 만료 시기가 다가올 즈음, 아이는 놀이동산이 조금 지겨워졌고, 전만큼 퍼레이드를 입 벌리고 보지 않게 되었으며, 솜사탕을 사 먹는 것에 조금 더 의미부여를 하기 시작했다. 회원권의 연장은 하지 않았고, 다음 해 봄날, 자전거를 타기 시작했다. 게으른 아빠는 또 다른 주말의 루트를 따라 움직이게 되었고, 조금 더 부지런해져야 했지만 대신 지겨운 운전을 덜하게 되었다. 또 다른 놀이동산은 그리 멀지 않은 곳에 있었다.

| Essay |

두 바퀴
파노라마

나는 자전거를 꽤 늦게 배웠다. 어렸을 때 살던 동네는 산을 깎아 갓 조성된 주택가였다. 70년대 점점 넓어지는 서울의 끄트머리에서 군데군데 아직 개발의 손길이 미치지 않은 논과 밭을 만날 수 있던 그곳은 새로 덮인 가파른 콘크리트 골목길들을 따라 비슷하게 생긴 작은 양옥들이 늘어선 산동네였다. 골목길의 가파른 경사는 아이들이 자전거를 배우기에는 힘들었고, 주변에 넓은 공터가 있더라도 제멋대로 자란 들풀들이 차지하고 있거나 공사를 위해 쌓아놓은 모래와 자갈 무덤들의 차지였다. 설사 공간적 제약이 없다 하더라도 그 동네에서 아이를 위한 자전거를 사는 것은 매우 이례적인 일이었다. 자연스레 자전거 타기, 축구, 야구 등 넓고 평평한 장소가 필요한 놀이거리는 실현불가능했고, 우리는 들풀 속을 뛰어다녔다. 공사장 모래 언덕을 파헤쳐가며 해질녘까지 남은 에너지를 소비했으며 매일 깊은 잠을 잘 수 있었다.

초등학교 2학년 때 서울의 중심에 있는 새로 지어진 아파트 단지 안으로 이사를 왔다. 그때 느꼈던 가슴 싸한 기분의 정체는 지금 생각해보면 문화적 충격에 기인했던 것 같다. 이사 오기 전에 아버지는 나를 데리고 이런저런 일로 새로 이사 올 동네를 몇 번 들렀고, 그때마다 옆 아파트 상가에 있는 문방구에 들어가 지루해하던 나를 달래줄 무언가를 사주려 하셨다. 그 문방구는 전에 있던 동네와는 비교가 안 될 정도로 컸고, 그동안 볼 수 없었던 여러 가지 신기한 것들로 가득했다. 국산 프라모델 사이 사이에 일본에서 어떻게 수입한지 모르는 타미야사의 프라모델들이 매우 비싼 가격표를 달고 진열되어 있었고, 그걸 뒤적거리며 신기해하는 나에게 문방구 주인아저씨는 달갑지 않은 시선을 보냈다. 나중에 안 일이지만 새 동네는 일본인 주재원들이 많이 모여 사는 곳이어서 그때까지만 해도 문화적 격차가 컸던 일본에서 들어온 물품들이 암암리에 퍼져 있는 곳이었다. 그곳에서 내가 고른 만화가 '우주해적 코브라'였다. 초등학생이 보기에는 야하고 폭력적인 일본 만화였지만 난 절대로 그 사실을 부모님에게 이야기하지 않았고 한동안 코브라는 나의 영웅이 되었다.

 이사를 오고, 아파트 바로 앞에 있는 초등학교에 다니기 시작했다. 다른 아이들은 야구와 축구를 잘했고, 자전거를 가지고 있었다. 집에서 가까운 넓은 학교 운동장과 그때만 해도 자동차들이 많지 않던 아파트의 아스팔트 주차장은 아이들이 공을 가지고 놀기에 전혀 불편함이 없었다. 난 운동을 못하는 전학 온 아이였다. 어머니는 내심 기죽지 말라고 거금을 들여 유명 스포츠 브랜드의 겨울 점퍼를 사 주셨던 것 같고 그럭저럭 친구를 사귀고 동네에 적응해갔다. 학년이 올라가며 야구와 축구 대신 남들과 비슷하게 농구를 시작했고, 남들과 비슷하게 스케이트보드를 사서 연습을 하곤 했다. 그리 잘하지는 못했지만 여러 가지 운동을 하는 것에서 즐거움을 찾았고, 운동을 하는 것은 어린 남자아이가 크게 엇나가지 않고 사춘기를 지나가는 것에 나름 도움이 되었던 것 같기도 하다.

 고등학교에 진학하고 나서 친구들은 동네에서 높은 사이클 자전거를 타고 독서실을 오가곤 했다. 얇은 바퀴에 높은 안장과 굽은 핸들을 한 자전거를 슬리퍼를 신고 백팩을 메고 타는 것이 그즈음 유행이었다. 고등학교 때쯤 어느 날 아파트 주차장에서 친구의 자전거를 타보았던 것으로 기억한다. 왠지 모르겠지만 친구는 그날따라 나에게 자전거를 가르쳐주고 싶어 했다. 공부를 하러 다시 독서실에 들어가느니 지루하지만 밖에 있고 싶었을 것이다. 몇 번 넘어지다가 금세 뒤뚱거리면서도 앞으로 갈 수 있게 되었다. 그렇게 처음 자전거를 배웠다.

 그 뒤로는 자전거를 탈 일은 없었다. 대학을 가고 멀리 버스를 타고 다니면서 관심사는 운전면허를 따는 것과 언젠가 내 차를 몰고 싶은 것으로 바뀌었다. 더 이상 동네 친구들도 자전거를 타지 않았다. 자동차를 구입하고 나서는 더더욱 자전거에 대한 관심은 멀어졌다. 집을 나서면 멀건 가깝건 차를 가지고 나가는 것이 일상화되었다.

 시간이 지나고 아이가 유치원에 들어가면서 어린이날 선물로 자전거를 사달라고 했고, 보조 바퀴가 붙어 있는 귀여운 얼룩무늬 자전거를 구입하게 되었다. 아이와 같이 타기 위해 원래 가지고 있었으나 먼지만 쌓여가던 접이식 자전거를 끄집어내 닦았다. 자전거를 끌고 나가보니 아내는 나보다 자전거를 잘 탔고, 아내보다 잘 타고 싶은 마음에 아내와 아이가 잠이 들면 혼자 밤에 나가 동네를 돌아다니기 시작했다. 자전거를 타고 다니는 동네는 걸어다닐 때와는 달랐다. 걸어 다니며 보는 동네와 차를 타고 지나치는 동네의 모습 중간쯤에 자전거가 만들어내는 파노라마가 있었다. 자전거를 타고 빵을 사러 가는 것이 이온 음료 선전에 나오는 외국 동네에서만 가능한 게 아니었다. 머지않아 나는 내 맘에 드는 검은색 자전거를 하나 더 사게 되었다. 아파트 계단에는 세 개의 자전거가 놓이게 되었고 주말에 날씨가 좋으면 동네에 나가 나란히 자전거를 탔으며 나는 앞서가는 아이의 부지런한 발놀림을 바라보는 것만으로도 한 주의 피로가 다 풀리는 효과를 경험했다.

자전거를 타고 펼쳐지는 두 바퀴 파노라마.

얼마 전부터 강들을 파헤치는 대공사가 전국에서 벌어졌고, 그 주위로 자전거도로가 길고 깔끔하게 나기 시작했으며 대통령은 어울리지 않는 헬멧을 쓰고 그 길을 달렸다. 많은 이들이 주말에 그곳으로 가서 멋진 헬멧과 쫙 달라붙는 옷을 입고 손가락으로 들 수 있을 만큼 가볍다는 꽤 비싼 가격의 자전거로 그 길을 달린다. 다들 여유를 찾는 것은 좋은 일일 것이다. 하지만 한편 자전거는 내 집에서 멀리 떨어진 곳을 가는 도구는 아닌 듯싶다. 자전거는 내가 사는 곳, 일하는 곳에 가까운 곳에서 더 유용한 것이고, 그래야 한다. 주말에만 갈 수 있는 먼 곳이 아니라 도시 안에서 자전거를 탈 수 있을 때, 값비싼 몇 십 단 기어 자전거가 아니라 낡고 바구니 달린 자전거로 아무 걱정 없이 빵을 사러 갈 수 있는 도시가 우리가 사는 곳이었으면 한다.

좋은 도시와 거리의 조건에는 많은 것들이 있겠지만 그중 하나가 다양한 속도가 공존할 수 있는 공간의 여건이다. 걷는 사람과 앉아 머물러 있는 사람. 상점 앞을 지나가는 느린 자전거와 물건을 나르는 큰 트럭. 이런 다양한 속도의 흐름들이 적절하게 어우러질 수 있는 곳이 좋은 거리의 공간이다. 보행자 전용 도로라 하여 큰 도시 블록의 안쪽에 화강석 바닥 마감을 하고 차가 다니지 않도록 막아놓은 곳들이 있다. 블록의 바깥으로는 건너가기엔 한참 넓은 폭을 가진 자동차 도로가 둘러싸고 있다. 보행자 전용 도로는 자동차 교통 위주로 계획된 도시 안에서의 보행권을 위해 만들어진 도시 계획적 보완 장치이고 어느 정도 효과가 있기도 하다. 하지만 다른 측면에서 보면 사람들의 흐름을 블록 안쪽으로 강제로 막고, 이렇게 사람이 없어진 블록 둘레로는 쌩쌩 달리는 자동차의 강이 흐른다. 마치 성 주변에 해자_{적의 침입을 막기 위해 성 밖을 둘러파서 못으로 만든 곳}를 파놓은 것처럼 내부지향적이고 외부에 배타적인 섬들이 만들어지는 것이다.

요즘 상업적으로 활성화되고 사람들이 많이 찾는 거리들을 보면 다양한 속도가 공존하는 모습을 공통적으로 볼 수 있다. 서울의 삼청동길, 가로수길과 분당의 정자동길 등을 보면 모두 그리 넓지 않아 건너편 인도를 걸어가는 사람의 표정이 보일 정도의 폭을 가진 길 위로 자동차가 다니며, 양쪽의 인도는 걸어 다니는 사람과 거리를 점유한 작은 좌판, 그리고 상점 앞 오픈 테라스에 앉아 커피를 마시는 사람들이 있다. 움직이는 것들과 멈춰 있는 것들 사이에서 삶의 속도는 다양하고, 그 사이사이를 변속해서 오가는 것도 그리 힘들지 않다. 한편으로는 너무 많은 이들이 찾아오는 바람에 심각한 상업화의 폐해도 보이고 있지만 이는 매력적인 도시 공간에 자연스레 관심과 욕구가 집중될 수 밖에 없는 현상일 수도 있다. 도시의 공간은 인위적으로 목적이 부여되고 구획되어지기보다는 다양한 것들이 자연스레 만들어지고 겹쳐질 수 있는 여지가 있어야 한다. 저 멀리 시골길에 만들어진 레저용 자전거 도로도 필요하겠지만 무릎 나온 트레이닝복을 입고 동네를 나가 만두나 저녁거리 두부를 사러 나갈 때 편하게 자전거를 탈 수 있는 배려가 더 필요하다.

아이는 아직도 네발 보조바퀴가 달린 자전거를 탄다. 먼저 가던 내가 멈추자 힘들게 자전거를 끌고 모퉁이를 돌아 나타난다. 아직 자전거를 잘 타지 못하기에 저만치 앞서 가는 아빠가 원망스러웠던 듯싶다. 자전거에서 내려 다가오더니 울먹울먹 내 허리를 작은 팔로 감고 얼굴을 묻는다.

"힘들어도 어떤 일들은 너 혼자 할 줄 알아야해. 아빠가 항상 너의 옆에 있을 수는 없으니까."

일곱 살 어린 딸아이가 이해해줬으면 한다. 그리고 언젠가 아빠와 함께 타던 자전거를 기억해주었으면, 그리고 내 딸이 앞으로 살아갈 이 도시가 어느 외국의 정치가가 한 이야기처럼 그런 도시였으면 좋겠다.

" A good city is not one where even the poor go by car but rather one where even the wealthy use public transport."
― Enrique Peñalosa, Former Mayor of Bogota, (1998~2001)

"좋은 도시는 가난한 자까지도 차를 몰고 다니는 곳이 아니라 오히려 부자까지도 대중교통을 이용하는 곳이다."
_엔리크 페날로사(전 보고타 시장)

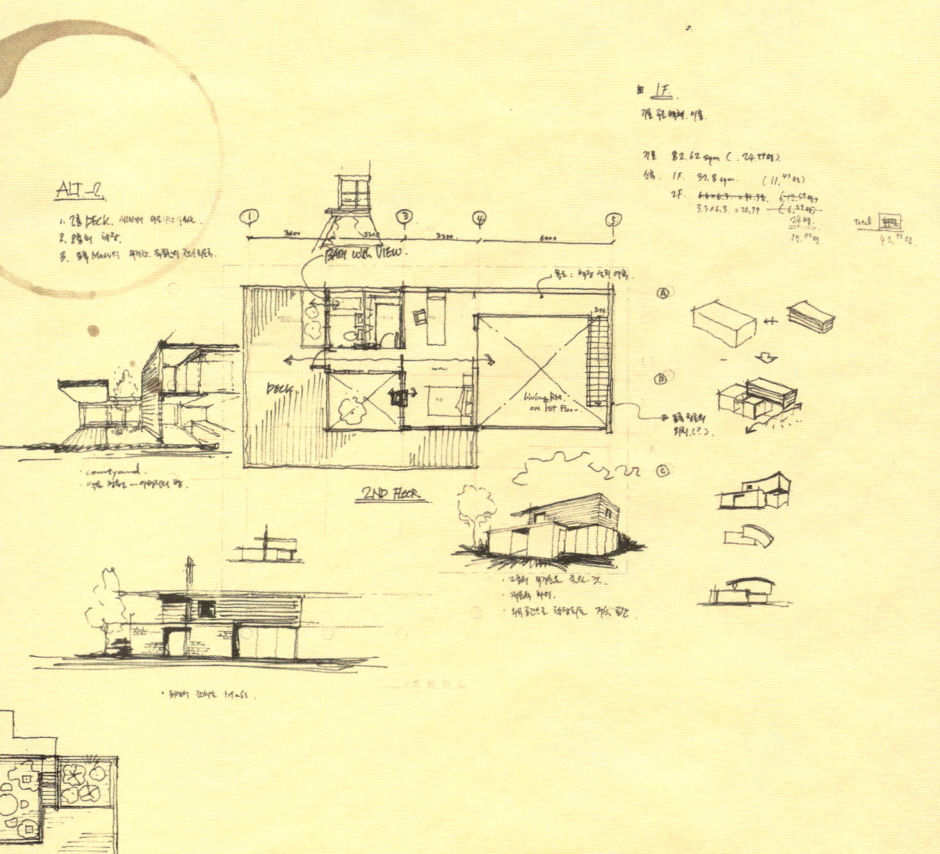

Part 3.

공간은 무엇,
공간을 더 깊이 이해하는 법

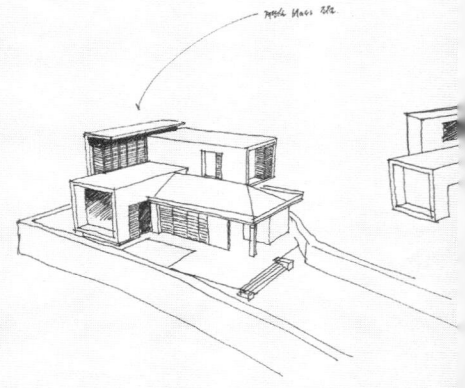

Part 3 공간은 무엇, 공간을 더 깊이 이해하는 법

| Essay |

당신의 공간은
어디에 있나요

　　　　　　　　　우리는 공간들에 둘러싸여 살아간다. 하지만 눈에 보이는 것은 벽과 바닥, 천장이라서 공간이라는 존재는 손에 잡히지 않는다. 형이상학적 정의라고만 여기기에는 내 앞에 분명 무언가가 있는데 이야기하기에는 항상 모호하다. 벽지를 이야기하고, 조명을 이야기하고, 가구를 이야기하고, 그곳에 울려오던 음악을 이야기하면서 그 분위기를 전달하려고 하지만 그건 공간 그 자체를 묘사하는 데에 항상 조금 부족한 느낌이다. 이렇게 공간에 대한 것을 말하는 것이 쉽지 않기에 당신의 공간에 대해 물어보는 것은 쉽지 않다.

'공간'이라는 단어가 모호한 만큼 내게 어울리는 공간을 이야기하기는 더 힘든 듯하다. 옷을 고르고 핸드폰 케이스를 고르면서도 몇 시간을 망설이는 사람들에게 자신에게 맞는 공간을 선택하는 것은 심각한 고통일 수도 있다. 자신이 직접 마련한 공간을 꾸미거나 집을 지을 경우에는 더더욱 망설임은 길어질 수밖에 없다.

공간을 만든다는 것에 대해 한 에피소드를 들은 적이 있다. 어떤 분이 집을 짓기 시작했다. 나름 모든 것에 괜찮은 안목을 가지고 있음에 뿌듯해하고 세상의 수많은 좋은 공간과 건축을 보고 경험한 사람이기에 요구조건은 까다로웠다. 건축가가 내미는 제안들을 꼼꼼히 살펴보고 항상 그 이상을 요구했고, 나중에는 공사하는 와중에 자신의 의지를 현장에서 건축가와 상의 없이 여기저기에 적용하기 시작했다. 거듭되는 의견 충돌에 약간 지치기도 하고, 건축주의 바람을 존중해주는 마음에서 건축가는 자신의 의견을 접었다. 공사가 마무리 되고 청소를 하고 난 후 건축가에게 격한 목소리로 전화가 왔다고 한다. 허겁지겁 현장을 찾은 건축가에게 울상이 된 건축주가 건넨 첫 마디는 "왜 저를 말리지 않았습니까?"였다.

취향에 따라 그때그때 마음대로 바꿔버린 재료들과 창문의 크기와 손잡이의 높이 등등이 함께 모여 있는 모습은 재앙에 가까운 모습이

었던 것이다. 공사 중에는 머릿속에서 따로따로 존재하며 보이지 않던 것들이 다 완성되고 한꺼번에 드러나는 순간, 건축주는 자신이 상상했던 것과 너무나 다른 모습에 당황했던 것이다. 공간을 이루는 요소 각각의 모습보다 더 중요한 것은 그것들이 모여져 이루는 총합이다. 요소들의 총합이 어떻게 이루어지는가는 매우 중요하다. 눈에 보이는 아름다움을 만들어냄에 있어서 중요할 뿐만 아니라, 서로간의 관계가 잘못 이해되고 조정될 경우 공간이 본래의 목적에 맞게 기능하는 데 결정적인 어려움을 만들어낼 수도 있다.

어떤 이들은 타고난 감각으로 옷을 고른다. 아무렇게나 골라도 어떤 옷도 옷장 속에 묵혀두지 않고 새로운 모습을 만들어낸다. 공간에 대한 취향에 있어서도 그런 사람들이 있는 듯하다. 건축을 공부했건 안 했건 간에 뛰어난 감을 가진, 머리가 아니라 손끝에 색과 공간과 질감에 대한 눈을 가진, 공간을 이루는 것들을 총합적으로 혀끝으로 느끼는 능력을 가진 이들이 있다. 그렇게 타고난 감각을 지니지 않았다면 천천히 하나씩 결정해나가야 한다. 옷을 고르면서 자신이 좋아하는 색깔을 선택하고, 질감을 결정하고, 자신의 사이즈를 찾은 후 감당할 가격대의 압박 속에 지갑을 열 듯, 눈에 들어오고 손에 닿는 것들에 대해 차근차근 결정을 해나갈 일이다. 하나하나 따져본 다음, 그것들이 모여 있는 모습을 꼭 전체적으로 봐야 한다.

언젠가 매우 부유한 은행가를 만난 적이 있다. 재력에 비해 평범한 중년 아저씨의 모습이라 소박한 분이라 생각했다. 미팅을 끝내고 나오며 같이 갔던 회사의 상사가 말을 건넸다. "너 그분 넥타이 봤어?" "아뇨, 왜요?" "그게 네 한 달 월급의 서너 배쯤 될 걸." 넥타이는 길거리 표가 아니라 아무나 소화하기 힘든 고가의 패션 아이템이었다. 상사는 명품 브랜드에 대해 나름 해박한 지식을 가지고 있었고, 은행가가 몸에 걸친 것들의 목록을 죽 읊으며 셔츠 속에 비쳐보이던 소매 없는 러닝셔츠의 가격을 제외한 총합을 계산했고, 그 놀라운 금액에 우리는 부러움을 표시했다. 하지만 동시에 그분이 불쌍해졌다. 나의 취향이 별로여서 그럴지도 모르나, 그분이 가진 값비싼 것들의 시각적인 총합은 누가 봐도 어울리지 않았다.

아무리 좋고 비싼 것들도 서로 어울리지 않는 한, 제 역할을 하지 않는다. 취향의 높고 낮음은 물질에 의지하지 않는다. 좋은 것, 비싼 것은 물론 그만큼의 제 기능을 하지만 그것들을 가지고 있다고 취향이 높아지는 것은 아니다. 딱 보아도 감각적으로 보이는 젊은 친구가 있었다. 능력이 출중하고, 얼굴은 밝고, 맵시 있게 옷을 입고 다녀서 여유롭게 자란 사람이라 생각했다. 나중에 알고보니 빠듯한 여건 속에서 나름 고생도 했던 친구였지만 요령과 좋은 취향을 가지고 있었고, 무엇을 하나 몸에 걸치건 자신의 주변에 놓건 간에 최선의 선택을 했다. 나도 따라서 몇 가지를 몸에 걸쳐보기도 했지만 그 친구만큼 멋질 수 없었다. 생각해보면 몇 살 많은 나이나 선천적으로 짧은 다리 때문이 아니라 그 친구만큼 밝은 미소가 없었기 때문일지도 모른다.

남들이 좋아한다고, 전문가가 인정한 곳이라고 좋은 공간이라고 말할 수 없다. 당신의 공간은 당신과 맞아야 한다. 자신이 자주 가는 장소가 있다면 왜 그곳을 좋아하는지 생각해볼 만하다. 그것은 그곳에 있는 사람들 때문일 수도, 그곳에 배어 있는 기억 때문일 수도 있겠지만 어쩌면 그것은 사건과 사람을 그곳에 불러들인 공간의 힘일지도 모르기 때문이다. 기억을 떠올려보고, 그곳에 다시 가서 찬찬히 둘러본다면 좋을 것이다.

　만약 당신이 좋아하는 공간과 장소마다 어떤 공통점이 있다면 그것이 당신의 공간을 만들어주는 중요한 요소일 수 있다. 벽돌의 색깔일 수도, 나무의 냄새일 수도, 창문 밖 풍경일 수도, 천장 높은 곳에 부딪히는 소리의 울림일 수도 있다. 그것이 아무리 하찮고 작은 것이라 할지라도 어디에선가 똑같은 것을 마주할 때 당신은 오래된 친구를 만난 듯 편안하고 행복할 수 있을 것이다.

| Essay |

오늘,
무엇을 입을까

당신은 오늘 누군가를 만난다. 아직 그리 많이 친하지 않기에 그만큼 잘 보이고 싶다. 날씨를 확인하고 옷장에서 옷을 고른다. 너무 더워 보여도 안 되고 너무 얇게 입어 추워 보여도 안 된다. 정작 맘에 드는 옷은 빨래통에 들어가 있다. 저걸 빨아놓았어야 하는데. 만나러 나오는 사람이 무얼 입고 나올까도 생각해본다. 둘이 함께 거리를 걷는데 너무 분위기가 다르면 어색해 보일 것 같다. 한 명은 지금 막 친구의 결혼식에 다녀온 듯하고 한 명은 마트에 장보러 가는 모습이면 그림이 안 나오니까. 서로 말을 안 해도 비슷한 분위기의 옷을 입고 나와 완벽하게 어울리는 모습이었으면 좋겠다. 전화를 해볼 수도 없다. 무얼 입고 나올 거냐고 묻기엔 아직 너무 서먹하다.

집에서 나설 때 우리는 목적지가 있고, 만날 사람을 알고 있으며, 할 일들도 머릿속에 있다. 그에 맞춰서 옷을 고르게 된다. 아무리 패션에 신경을 안 쓰는 사람이라도 자신의 옷에 신경을 쓰고 나가야 할 순간을 맞이하게 마련이다. 우리가 가야 할 장소가 우리의 옷을 결정해준다. 회사를 갈 때, 운동을 할 때, 클럽에 갈 때 그곳에서 하는 행위를 더욱더 잘하기 위해, 또는 잘하는 것처럼 보이기 위해 몸 위에 이것저것 신경 써서 걸치고, 또 의도적으로 걸치지 않기도 한다. 그 장소에 가면 그곳에 어울리는 복장에 대한 사회적 약속이 있고, 그것에서 어긋나면 나에게 쏟아지는 눈길을 감수해야 한다. 때로는 이 모든 것이 머리가 아프다. 옷 입는 게 걱정되기 시작하는 순간, 그 옷을 필요로 하는 장소에 가기 싫어진다. 장소는 아무 잘못이 없는데, 옷 때문에 못 가는 것이다.

항상 바깥일이 많은 아빠이기에 주말엔 딸아이와 어딘가를 가서 아빠가 신나게 놀아준다는 눈도장을 받아야 한다. 그렇게 찾아가는 곳 중에 좋아하는 곳이 국립중앙박물관 옆에 위치한 용산 가족 공원이다. 이곳은 전에 미군 부대가 골프장으로 쓰던 곳이어서 큰 나무와 넓은 잔디밭이 잘 어우러져 있고 제법 큰 물고기가 헤엄치는 연못도 있다. 주차장이 좁은 편이라 불편하긴 하지만 그 덕에 사람들이 너무 바글바글한 것도 피할 수 있다. 무엇보다 이곳이 좋은 것은 넓은 잔디밭에 아무렇게나 들어가서 놀아도 된다는 것이고, 잔디밭의 언저리에는 항상 낮고 높은 나무들이 있어서 적당한 그늘도 만들어준다. 미군 부대가 있던 지역이라 외국인들도 많이 찾아오는 곳이라서 날씨 좋은 주말 오후에는 잔디밭에서 다국적 아이들의 급조된 월드컵이 벌어진다.

가족들뿐만 아니라 연인들이나 친구들끼리도 많이 찾아온다. 벚꽃잎이 흩날릴 때쯤이면 멋지게 선글라스를 쓰고 돗자리와 바구니 하나 들고 와서 음악을 듣고 음식도 먹고 나른한 햇살 아래서 콩닥거리며 이야기를 나누다 간다. 가끔 이중에 예쁜 하이힐과 짧은 치마를 입은 여자와 정장 수트를 입고 오는 커플을 본다. 아마 예정에 없이 갑자기 공원에 들렀을 것이다. 잔디와 풀들 위를 힐을 신고 걷는 건 고역일 듯싶다. 앉기도 불편하다.

옷은 당신이 경험할 수 있는 장소와 그 경험의 깊이를 한정한다. 특히 도시 안을 계획 없이 방황할 때는 여러 경우를 생각해서 편한 복장을 하는 게 필수다. 어딘가에 가더라도 휙 둘러보다가 사진 몇 컷 찍는 것만으로는 좀 아쉬운 일이다. 시간을 넉넉히 잡아서 그곳을 점유하고 멈춰서야 한다. 도시 공간을 제대로 즐기고 기억 속에 담으려면 아무 데나 걸터앉아서 그곳에 머물러야 한다고 믿는다. 장소는

용산 가족 공원.

머무름을 통해 의미를 얻는다. 누구와 함께라면 더더욱 멈춰 있는 시간을 더 가져보는 게 좋을 것이다. 그 장소에서 함께 나눈 이야기와 같이 둘러본 것들이 당신의 기억을 만들고, 그 기억 안에서 장소는 살아난다. 깃발 뒤를 따라다니며 인증샷을 찍는 패키지 관광객이 아닌 이상 그리 바쁘게 다닐 이유가 없다. 그런데 당신의 옷이 편치 않다면 그곳에서 도시 공간을 충분히 느낄 수 있는 기회가 사라질 수밖에 없다.

  가끔 잘 만들어진 건축 공간을 답사 갈 때가 있다. 직업적 의무감에 건축물에 쓰인 재료와 디테일을 눈여겨보고, 공간을 돌아다니며 머릿속에 평면을 그려보며, 멋진 구도를 잡아 사진을 찍어 기록하기 위해 노력한다. 건축가의 숨어 있는 의도를 읽어내려 바쁘게 둘러보다가 그곳을 떠난다. 시간이 지난 후에 막상 다시 그 공간을 떠올리면 직접 가보았음에도 불구하고 잡지에서 본 정보만큼만 그곳이 기억된다. 둘러보긴 했지만, 그 공간을 즐기지 않은 것이고, 실제 그 공간의 용도에 맞춰 사용하지 않았기에 공간을 제대로 경험하지 못한 것이다.

  미술관에 가면 그림이 걸린 방 한가운데에 넓고 간단하게 생긴 박스 모양의 벤치가 있다. 앉아서 천천히 그림을 감상하라는 뜻일 것이다. 걸터앉아 그림을 본다. 멍하니 보고 있으면 머릿속 톱니바퀴들이 천천히 돌아가면서 의식 깊은 곳에 있었던 것들을 하나하나 끄집어 올린다. 눈은 그림에 붙잡혀 있지만 생각은 천천히 퍼져 나간다. 어떤 것들을 이해하고 즐기는 데에는 다른 것들에 비해 시간이 많이 필요하다. 나를 둘러싼 공간을 즐기는 것에는 더 많은 시간이 드는 것이 분명하다. 시점에 따라 변화하는 시각적 정보를 머릿속에 재구성해야할 뿐만 아니라 눈으로 보는 것 이상의 다른 감각들도 미약하지만 조금씩 반응을 하기 때문이다. 경험은 눈으로 보는 것 이상의 참여를 필요로 한다. 그러려면 바쁜 당신의 시간을 공간에 쪼개줘야만 한다.

  도시 공간을 무계획적으로 돌아다니면서 우연히 만나는 장소들을 즐기려면 청바지와 운동화로 집을 나서는 것이 좋을 듯하다. 우연히 만나는 도시의 다양한 장소들과 그곳에서 벌어지는 이벤트들을 마음껏 즐기려면 아무 데나 주저앉을 준비가 되어 있어야 한다. 도시 안의 장소는 안타깝게도 항상 깨끗하지만은 않다. 자동차로부터 피어오르는 까만 먼지와, 양심과 함께 버려진 쓰레기도 있고, 아기가 먹다 흘린 아이스크림도 눌어붙어 있게 마련이다. 깨끗한 벤치만을 찾다보면 엉덩이를 쉽사리 붙일 때가 없다는 것을 금방 깨닫게 된다. 갑작스럽게 길거리 공연이 시작된 대학로에서 뒤에 서서 기웃기웃 망설이지 말고 사람들의 다리 사이로 기어들어가 맨앞에 털썩 주저앉을 수 있으려면 하얀 바지나 짧은 치마는 피해야 할지도 모른다. 하얀 바지에 엉덩이 모양대로 새겨진 검은 먼지 자국으로 그날의 남은 일정을 다니는 건 쉽지 않은 결단이 될 테니까.

| Essay |

꿈을 짓는 건축가

많은 드라마와 영화에서 건축가가 등장했다. 드라마 작가들이 주인공의 직업으로 건축가를 즐겨 쓰는 이유는 어느 시간에 어떤 장소에 있어도 어울리는 직업의 특성이 있기 때문이라는 이야기를 들은 적이 있다. 드라마의 전개상 여러 사건과 장소가 나오게 마련인데, 큰 어색함 없이 어떤 사건이나 장소와도 어울리는 직업군이라는 것이다. 만약 공무원이나 은행에 다니는 30대 후반 남자가 오늘은 공항에 있고, 내일은 대낮에 커피숍에 있으며, 그다음 날은 지방출장을 간다는 건 현실성이 부족하겠지만, 건축가는 그럭저럭 핑계를 만들어낼 수도 있고 실제 모습도 크게 다르지 않다.

하지만 매체에 건축가의 모습이 그렇게 자유로운 이미지들로 많이 나오다보니 직업의 편향된 이미지가 만들어지기도 한다. 젊은 나이에 멋진 차를 몰고 다니며 홀로그램으로 프레젠테이션을 하고, 공사현장에서 기술자와 노무자들에게 함부로 소리를 지르고, 하루 종일 사랑하는 사람과 돌아다니다가 갑자기 자리에 앉아 천재적 능력을 발휘하여 쓱쓱 건물 설계를 그려버린다. 현실은 스크린 속 모습과 많이 다르다. 건축 설계 분야에 종사하는 많은 이들이 그렇게 모두 다 꽃미남 꽃미녀 들은 아닐 것이고, 반복되는 야근과 철야에 검게 드리워진 다크서클을 항상 달고 다니며, 업무 강도에 비해 빠듯한 봉급 속에서 생활하고, 그래도 무언가 의미 있는 건축을 만들어보려고 고군분투하다가 '작품'과는 거리가 먼 결과물의 한 부분을 시간에 맞춰 끝내는 것에 만족해야 한다.

그럼 실제로 건축가는 무얼 하는 어떤 사람일까. 건물이 지어지려면 먼저 설계가 되어야 한다. 간단하게 말하면 그림이 먼저 그려지고, 모두가 만족하면 그것을 가지고 시공자가 건물을 짓게 된다. 이 '그림'을 그리는 사람이 건축가이다. 건축가가 '예술적 작품을 만들어내는 예술가인가, 건축을 위한 기술과 지식을 가지고 있는 기술자인가' 라는 질문이 오래전부터 있었다. 답은 그 질문 안에 있는 듯싶다.

건축가가 일하는 모습과 하는 일의 결과가 양쪽 영역에 모두 걸쳐 있기에 나오는 질문일 것이다. 어쩌면 조금은 다른 틀로 건축가를 정의해보는 것이 도움이 될 듯싶다.

 일단 건축가는 이야기를 만들어내는 사람이다. 아직 눈에 보이지 않는, 세상에 없는 것들의 모습을 꿈꾸고 그런 것들이 구현되면 얼마나 아름답고 편리할지를 이야기하는 이야기꾼이다. 우리가 꿈꾸는 공간이 어떻게 생겼고, 그 안을 어떻게 돌아다니며, 햇빛은 어떻게 들어오고 그 안에서는 어떤 일이 벌어질지를 이야기한다. 이렇게 만들어진 이야기가 사람들의 마음을 움직이면 이야기는 현실이 된다. 이렇게 만들어진 이야기는 큰 틀이 되어 건물을 짓기까지 협력하는 많은 사람들이 큰 방향을 잡고 세세한 의사결정을 하는 데 일종의 잣대가 되어준다. 이야기의 줄거리가 가장 중요한 요소가 되며 나머지들은 조금씩 때에 따라 변경되고 조정된다.

 또한 건축가는 통역가이기도 하다. 통역을 하는 사람은 잘 들을 수 있어야 한다. 그리고 그것을 다른 언어로 전달해야 한다. 무엇보다 건축주의 이야기를 듣는 것이 매우 중요하다. 대부분의 경우 건축주는 건축에 대한 전문적 지식이 없고, 자신이 원하는 바에 대해 매우 모호한 표현으로 전달하는 경우가 많다. 이런 건축주의 바람을 듣고 당신이 원하는 것은 이런 것이 아닌지 되물어 확인할 필요가 있다. 원하는 바를 분명하게 정의하고 이야기하는 것이 매우 중요하다. 그 다음은 그 바람을 공간을 이루는 요소로 번역하는 것이 필요하다. 예를 들어 건축주가 따듯한 공간을 원한다는 말을 한다면 그 '따듯한 공간'이라는 것이 공간을 이루는 재질감을 이야기하는 것인지, 색감을 이야기하는 것인지, 그곳에 들어오는 빛의 양을 말하는 것인지 아니면 직접적으로 실내의 온도를 이야기하는 것인지, 어쩌면 이 모든 것들이 어우러진 총체적 느낌인지 번역을 해야 한다. 그러고 나면 다시 이것들을 기술적 언어로 잘게 쪼개서 협업하는 각각의 기술자들에게 전달해야 한다. 빛을 들어오기에 창문의 사이즈가 적절한지, 난방 시스템의 요구 조건이 어떤 것인지, 자재와 페인트의 종류와 색깔을 정하고 적정한 가격인지를 물어야 한다.

건축주를 위해 일하는 여러 기술자들 간의 이야기를 통역하고 조율하는 것도 필요하다. 여러 기술자들, 시공자들은 각자가 가진 전문 지식이 다르며, 각자의 이해 관계에 따라 중요하게 생각하는 것이 다를 수 있다. 기둥과 보의 사이즈와 공기조화 덕트와 파이프의 관계를 조절해서 공간 내에서 효율적으로 배치되도록 조절해야 하고, 시공성과 기능성과 비용 간의 관계를 생각해 자재를 선정하고, 모든 결정에 대한 비용 대비 성능을 높이려 노력한다.

또한 앞에서 언급했듯이 건축가는 엔터테이너이다. 기본적으로 건축가는 남의 땅에, 남의 돈으로, 남의 건물을 짓는 것을 도와주는 사람이다. 건물을 짓는다는 행위는 일생에 한두 번 있을까 말까한 것이고, 꿈꿔왔던 무언가를 이루는 것이다. 의사나 법률가에게 찾아갈 때는 인생에서 가장 힘든 순간일 수 있지만, 건축가를 찾아올 때는 대부분 삶의 정점에서 즐거운 꿈을 꿀 때이다. 근본적으로 즐겁고 행복

청바지와 건축가들, 건축가들의 소소한 일탈.

하고 싶어서 하는 일이기 때문에 그 모든 과정을 옆에서 도와줘야 하는 건축가는 즐겁고 행복함을 만들어내는 사람이어야 한다. 그 누구도 힘들고 짜증이 나기 위해 자신의 공간을 만들지 않는다. 사람들은 건축가가 자신의 즐거운 상상을 함께하고, 그것을 구체화해서 눈에 보여주기를 원한다.

마지막으로 건축가는 많은 이들을 위한 공간을 만드는 사람이다. 단 한 명을 위한 건축물도 무인도나 사막 한가운데 있지 않는 한, 우리가 사는 세상의 일부가 되어 여러 사람이 보게 된다. 경우에 따라 그 건축물의 실제 주인보다 더 많고 다양한 사람들이 더욱 긴 시간을 보내야 하는 공간들도 많다. 건축물이 만들어지기까지의 과정 동안 얼굴을 마주칠 일 없는 많은 이들과 미래에 그 공간을 이용할 더 많은 사람들을 생각해야 한다. 가끔 이런 책임감은 스스로 희미해지기도 하고, 그것에 아무도 가치를 부여해주지 않을 때도 있지만 여전히 소홀히 할 수 없는, 건축가가 지녀야 할 공공을 위한 의무일 것이다.

영화 〈건축학개론〉을 찍으며 이용주 감독은 건축가로 나오는 승민의 모습을 되도록이면 현실적으로 묘사하고 싶어 했다. 영화가 보여준 시간대를 넘어 승민이 어떤 건축가의 모습이 되어 지금을 살고 있을지는 알 수 없다. 분명한 것은 하나의 건물을 지을 때마다 조금씩 솜씨는 더 나아질 것이고, 게을러지고 지치지만 않는다면 어디에선가 다른 이의 이야기를 열심히 듣고 그의 꿈을 이뤄주기 위해 여전히 밤늦게 작업을 하고 있을 것이다.

| Essay |

모형,
눈앞에 놓인 꿈

　　　　　　　　　건축주를 만나 설계를 시작하면 크게 두 가지의 결과물들을 가지고 서로 대화를 하게 된다. 도면과 모형이 그것인데, 도면이라 하면 위에서 각층을 내려다 본 모습을 그린 각종 평면도과, 건물을 잘라내어 위층과 아래층, 계단, 건물과 땅의 관계 등을 보여주는 단면도, 그리고 건물의 외관을 그린 입면도로 이루어진다. 이외에 투시도나 다이어그램 등등의 조금 더 그림에 가까운 것이

포함된다. 모형은 실제 건물을 일정한 비율로 작게 축소해서 만든 미니어처와 같은 것인데 개념적인 아이디어를 설명하는 모형에서 실제 지어질 건물의 모습과 동일하게 만드는 모형 등 용도에 따라 여러 재료를 이용하여 만들게 된다.

도면과 모형은 근본적으로 소통의 도구이다. 공간이라는 것은 말로 완벽하게 표현될 수 없는 것이어서 눈에 보이는 것으로 바뀌어야 대화가 가능한 것인데 이 소통을 위한 오래된 약속이 도면이다. 다만 도면은 3차원적 실체를 2차원으로 바꾸어 그려놓은 언어인 셈이라서 이해하려면 약간의 말배움이 필요하다. 설계가 진행될수록 실제 공사를 위한 여러 기호와 약어, 표현들이 들어가기 시작하면 그 언어를 모르는 사람에게는 이해가 불가능한 그림이 되어간다. 외국어를 공부하는 모든 사람이 다 느끼듯이 새로운 말을 배우는 것은 절대 쉬운 일이 아니다. 그렇기에 대부분의 건축주들은 이해하기 쉽기 때문에 도면보다는 모형을 좋아한다.

모형이 도면보다 훨씬 이해하기 쉬운 것은 사실이나 여전히 실물과는 다를 수밖에 없다. 작게 축소해놓은 모습이라 1대1 크기의 모델하우스만큼 생생한 공간감을 줄 수는 없다. 모형 재료가 주는 낯섦도 있다. 설계 초기 단계에 모형을 만드는 재료는 종이나 우드락이라고 흔히 부르는 발포 폴리스틸렌 가공품 등 자르고 붙이기 쉬운 재료들을 쓰기 때문에 실제 건물의 재료나 질감과는 많은 차이를 가진다. 건축가들은 디자인의 초기 단계에서는 건물의 재료에 대한 결정

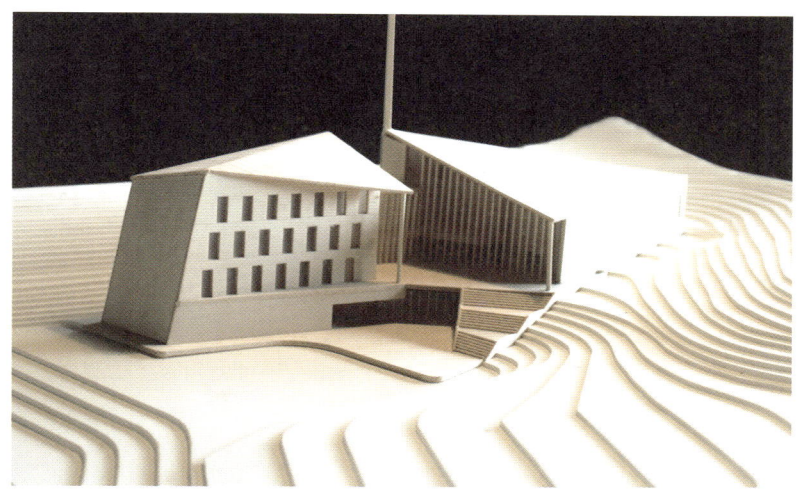

을 조금 미뤄놓고 전체적 형태와 공간의 구조에 집중하는 경우가 많아 흰색이나 무채색 계열의 재료를 이용해서 모형을 만드는 경향이 있다. 어떤 건축주는 온통 하얀 종이로 만들어진 모형을 보고 자신의 건물이 하얀 페인트로 뒤덮일까 걱정하는 경우도 있는데 이해가 되는 일이었다.

 다른 전문적 정보들은 모르고 넘어갈 수 있다 해도 도면과 모형에서 건축주들이 가장 힘들어 하는 것은 그것들이 난쟁이를 위한 공간처럼 축소가 되어 있다는 것이다. 쪼그맣게 만들어놓고 그걸로 실제 내가 쓸 방 사이즈를 상상하라니! 건축설계를 하는 사람들에게도 공간의 축척에 대한 스케일감감각축척을 뜻하는 scale을 써서 스케일감이라 흔히 부른다은 쉽게 습득하기 쉬운 것이 아니어서 그려보고 만들어보며 확인을 거듭하는 부분이기 때문에 스케일감은 일반인들이 가장 혼란스러운 부분이다. 실제로 설계 미팅에서 좋다고 결정한 창문의 높이와 크기는 공사가 들어가고 거푸집을 떼어놓고 창문까지 설치가 완료되면 우리가 생각한 것과 많이 달라 보일 수도 있다.

 시각적 정보는 주변과의 관계 속에서 전혀 다르게 전달될 수 있어서 크기에 대한 감각은 상대적인 것이다. 같은 크기의 창문이라 하더라도 작은 화장실의 창문과 크고 높은 공간에 있는 창문이 다르게 느껴진다. 주변의 것들과의 비례감이 전혀 다른 느낌을 주게 되는 것이다. 예쁘고 사랑스러운 여자친구가 월등한 몸매의 슈퍼모델 한 무리 옆에 나란히 서 있는 것을 생각해보자. 음, 어쩔 수 없는 일이다.

양평 주택을 설계할 때 화장실에 생길 창문 높이를 나름대로 여러 여건을 고려해서 설계했다. 밖에 보일 전경과 밖에서 보는 시선을 피하기에 적당한 높이와 크기가 필요했다. 미팅을 위해 찾아온 노년의 건축주 부부는 고민하기 시작했다. 남편 분은 건장한 체구를 가지신 분이었고, 아내 분은 아담한 신장의 소유자였다. 사무실의 창문에 줄자를 대고 설계한 높이를 마스킹 테이프로 표시해가며 1대1 축척의 검증에 들어갔다. 결국 두 분이 조금씩 양보를 한 타협점을 찾아 창문의 높이가 결정되었다.

많은 경우는 아니겠지만 일반적이지 않은 새로운 디테일과 형태를 적용하고자 할 때는 건축가들도 1대1 모형을 만들기도 한다. 모형은 크면 클수록 현실에 가까워지고 이해하기가 쉬워지는 것이 사실이다. 커지면 커질수록 비용도 많이 들고 시간도 많이 필요해서 건축가들은 어느 정도에서 타협점을 찾는데 보통 1대50에서 1대300 정도의 모형이 일반적인 사이즈이고, 거대한 프로젝트나 도시설계에 가까워지면 좀 더 축소된 모형들을 만들기도 한다.

건축가들에게 모형을 만드는 것은 교육과정 중에서 매우 중요시되는 것 중에 하나이다. 무언가를 만들며 스케일감과 재료에 대해 이해하고 구축의 방법에 대해 고민해보는, 오래되었지만 효과적인 방법이기 때문이다. 컴퓨터 기술의 발전으로 다양하고 쉬워진 여러 3차원적 시뮬레이션의 툴들이 발달했지만 역시 손에 잡히고 눈앞에 보여지는 모형은 작업에서 유용하다. 어린 신입 사원이 모형을 만드는 좋

양평 주택의 모형.

양평 주택의 실제 건축 모습.

은 손을 가지고 있으면 눈여겨보게 된다. 건축은 때론 매우 작은 것들에 집착해야 하는 영역이어서 작은 이음매를 정성 들여 붙인 모형은 감동을 준다.

전에 다니던 회사에 '마에스트로 홍'으로 불리던 후배 직원이 있었다. 워낙 모형을 잘 만들어서 스카웃(?)된 친구였는데 건축에 대한 애정이 많은 사람이었다. 키가 190센티미터에 육박하고 몸무게 또한 꽤 되는, 뒤에서 보면 웅크린 봄날의 곰과 같은 친구였는데 모형을 만드는 손길은 반도체의 회로도를 새기는 듯한 정밀함을 보이는 반전이 있었다. 솜씨에 걸맞은 '마에스트로'라는 별명이 붙었고, 조금 엉성한 아이디어에서 나온 디자인도 그의 손길을 거치면 볼 만한 모형으로 다시 태어났으며, 그가 만든 모형은 까다로운 건축주들을 설득하는 좋은 무기가 되곤 했다.

어느 날 책상 위에 모형이 놓여 있다. 많은 이들에게 자신의 건물을 갖는다는 것은 꿈을 이루는 멋진 일이다. 전문적으로 부동산 시행을 하거나 정말 여유가 넘치는 사람이 아니라면 자신의 집 또는 건물을 짓는다는 것은 일생에 한 번 일어날까 말까한 이벤트이다. 그만큼 자신의 바람과 꿈이 담긴 일이고, 많은 기대와 걱정을 가지고 건축가를 찾아온다. 처음 만남을 가지고, 계약을 하고, 잘 이해되지 않는 도면을 보다가 어느 정도 시간이 지나면 책상 위에 모형이 놓여 있다. 갑자기 내 집, 내 건물이 세상에 나와 있다. 내 꿈이 세상에 나와 있는 것이다. 아직은 작은 모습이지만 조금 더 시간이 지나면 무럭무럭

자라 제 모습을 갖게 될 것이다. 이제 나만의 공간을 갖는다는 것이 더욱 실감이 나기 시작한다. 기대는 점점 커지고 몇 번의 실망과 감동을 거쳐 당신의 공간은 세상에 나오게 된다.

| Essay |

공간을 상상하게 하는 음악,
나만의 장소

서연의 집을 설계하고, 책을 쓰기까지 나를 도와준 것들이 몇 개가 있다. 설계를 하거나 글을 쓰는 것은 어쨌거나 그런 작업을 할 수 있도록 해주는 주변 분위기가 필요한 셈이다. 아이디어가 잘 떠오르고 문제가 스르르 풀려나가며 작업의 속도가 오르면 상관없지만 그 반대의 경우 모든 것이 신경 쓰이고 핑곗거리가 되기 시작한다. 장소도 중요하고, 조명이나 음악도 무시할 수 없으며, 필기도구나 컴퓨터 자판까지도 예민하게 작용한다.

서연의 집을 한참 설계하던 2011년 5월쯤 김지수의 새 앨범이 나왔다. 오디션 프로그램인 슈퍼스타K를 통해 세상에 알려진, 외모보다 심하게 젊은 가수(!)인데 그 오디션 프로그램에 나올 때부터 마음에 들어 했던 가수인 터라 나오자마자 앨범을 꼼꼼히 들었다. 기타를 잘 치고 자신의 노래를 직접 만드는 싱어송라이터라서 좋아졌는데 여섯 곡이 들어 있는 미니앨범 중 마지막 곡인 '수수께끼'가 제주도 서연의 집을 위한 작업송으로 낙점 받았다. 학교 다닐 때부터 설계 작업을 할 때 음악을 듣던 버릇은 건축을 하는 사람들에게는 공통적인 것이어서 지금도 사무실에는 항상 음악을 틀어놓는 것이 일상이 되었다. 그때그때 유행하던 노래들은 그 당시 하던 작업과 짝을 맞추어 기억되곤 한다. 프로젝트마다 주제가가 하나씩 생기는 것이다.

어떤 노래들은 BGM을 넘어 작업에 영향을 미치기도 한다. 김지수의 '수수께끼'는 이젠 멀어진 어린 날의 연애에 대한 기억과 감정을 마구 되살려 주었고, 멜로 영화에 나올 집을 설계를 하는 중에 도움이 될 만한 왠지 달착지근한 정서를 뒷머리에 부어주었다. 스탠드를 켜고, 노란 트레이싱지를 책상 위에 깔고, 음악을 틀고 심각한 듯 눈을 가늘게 뜨면 꽤나 무뎌져 있던 정서를 관장하는 뇌의 영역이 조금씩이나마 촉촉해지는 환상에 빠졌다. '기억의 습작'이 영화 〈건축학개론〉의 메인테마였다면, 서연의 집의 메인테마는 김지수의 '수수께끼'였다.

한때 감상에 빠지는 걸 무척 두려워한 적이 있었다. 유학을 갈 때 좋아하던 음악 CD를 챙기면서 우울해질 수 있는 가능성이 있는 음악들은 모두 놔두고 갔었다. 낯선 땅에서 향수병에 걸려 골골대지 않으려면 좋아하는 것들을 멀리할 필요가 있었다. 그중 김광석의 CD는 절대로 비행기에 같이 타서는 안 되는 것이었다. 그의 목소리는 아침에도 술 생각이 나게 하는 힘이 있었을 뿐만 아니라 대학 시절 짝사랑의 시기에 과도하게 연관되어 있어서 절대로 가져갈 수 없었다. 김광석의 목소리에서는 거리에 부는 바람이 느껴졌다. 그는 오래전에 떠났지만, 그의 음악은 여전히 모든 이들을 옛날 어느 기억의 거리로 소환한다. 그래서 김광석의 노래는 작업을 하면서 듣기에 여전히 불편하다. 웃긴 일일지 모르지만 약간의 격식이 갖춰져야 들을 수 있는 노래들이다. 다른 일을 하면서 흘려듣는다는 것은 어울리지 않기에 트레이싱지나 컴퓨터 모니터를 앞에 두고 들을 수 없다. 술잔과 수북이 쌓인 재떨이가 놓여 있어야 조금 마음이 편해지는 노래이다.

책을 쓰기로 하면서, 몇 가지 필요한 것들이 생겼다. 항상 글을 쓰는 사람들은 어떨지 모르겠으나 무언가 본격적인 준비를 해야 게으름을 이기고 글을 완성할 수 있을 것 같았다. 제일 먼저 글 쓸 도구를 선정해야 했다. 사무실에서 쓰던 노트북은 무거웠고 배터리는 2시간을 넘지 못했다. 장소를 옮겨다녀도 쉽게 들고 다녔으면 했기에 아이패드를 사고, 작은 블루투스 키보드를 같이 구입했다. 아이패드는 전부터 이미지 브라우징을 위해 구입할까 망설이면서 많이 자제하고 있던 것이었는데 제대로 된 핑계가 생긴 셈이었다. 운동을 시작하면서 장비와 의류부터 구비하는 지름신이 발동하는 패턴과 비슷함을 알았지만 낯선 것을 새로 시작할 때 내 옆에 무언가 새로운 무기 아이템이 있다는 건 위로가 된다. 아래한글 앱을 구입해 깔고 키보드가 손에 맞는지 몇 번 쳐보고 나서 글 쓸 준비를 마쳤다.

  그다음으로는 책을 쓸 장소가 필요해졌다. 사무실에는 항상 밤까지 사람들이 있었고, 집에서도 글 쓸 분위기는 만들어지지 않는다는 여러 핑계로 몇 군데의 장소를 전전하게 되었다. 알코올 섭취와 흡연이 가능하고, 혼자 앉아서 글을 쓰더라도 너무 이상하게 보이지 않을 만한 곳들을 찾았다. 가장 자주 찾아갔던 '카펜터즈'는 지하에 있는 LP 바이다. 보통 홍대나 대학로 쪽에는 비슷한 분위기의 바들이 많지만 아파트 단지 근처에 이런 종류의 장소가 있는 것은 드문 일이다. 글 쓰는 작업을 하기 전부터 일을 마치고 집에 들어오면서 잠시 집 앞의 이 작은 LP 바에 들려 맥주 한잔을 하는 것이 일상이 되었다. 길고 천장이 낮은 계단을 걸어내려와 문을 열면 벽면 가득히 앨범들이 꽂혀 있고 그 앞에 나무로 만든 긴 바가 있다. 어두운 불빛은 옆 사람을 그림자로 알아볼 정도로 적당하고, 벽돌과 나무바닥은 따뜻한 분위기를 만들어준다. 바에는 동네 사람들이 한둘 앉아 음악을 들으며 맥주를 마시다가 음악 이야기로 서로 친해지기도 했다. 친해지고 나서야 알았지만 주인 두 분은 모두 유명한 가수 출신이었고, 하루씩 번갈아 가게에 나와 턴테이블에 레코드판을 올렸다. 올드팝이 가장 많이 나왔고, 손님들이 많지 않으면 전설적인 뮤지션들의 음악을 연이어 듣거나 공연실황 DVD를 보기도 했다.

카펜터스.

바에 앉는 것은 마음을 편하게 해주는 무언가가 있다. 하루가 끝나고 일종의 매듭이 필요할 때가 있다. 자신에 대한 약간의 토닥거림이 필요할 수도, 온종일 시달린 일들에 대한 정리의 시간이 필요할 수도 있다. 누군가 불러내기에는 시간이 늦었고, 긴 이야기를 나누기에는 이미 녹초가 되어 있을 때 갈 만한 곳이 필요하다. 나를 알고 반기지만, 나를 너무 잘 알지 않는 사람들이 있는 곳. 공간을 가득 채운 음악은 사람들의 목소리를 삼키고, 앞에 놓인 촛불이 맥주병의 라벨을 겨우 읽도록 허락하면 나는 어둠 속에 안전하게 숨어서 가만히 오르는 취기와 음악만 즐기고 있어도 된다.

바와 하이네켄을 좋아하게 된 건 순전히 하루키 때문일 것이다. 그의 소설 속에서 주인공과 친구는 어느 바에서 만나 땅콩 껍질을 수북히 쌓으며 까먹고 하이네켄을 마셨다. 본 건 따라하게 마련이고, 대학 시절부터 가끔 여유가 생기면 국산 맥주보다 조금 비싼 하이네켄을 시켜 먹으며 하루키 소설의 주인공이 지었을 만한 심드렁한 표정을 지어보고자 노력했다. 반복은 취향을 만들게 마련이다. 다른 맥주와 조금 다른 크기를 가진 녹색의 병은 한 손에 잡고 병째 입으로 가져가기에 적당했고, 약간 씁쓸한 맥주의 맛도 익숙해졌으며, 그후로 하이네켄을 시켰다.

'Half Past Ten'은 4층에 있는 와인바인데, 앞에 있는 아파트들 사이로 살짝 한강의 전경이 보이는 곳이다. 안쪽에는 여러 명이 앉을 수 있는 편안한 의자가 있는데 항상 늦은 시간에 가면 한적해서 작업하기에 무리가 없다. 맛이 괜찮은 하우스 와인 한두 잔을 시키며 오랫동안 눌러앉아 있어도 눈치 보이지 않아 좋다. 몇 번 찾아간 후로는 비스킷과 딥핑 크림을 서비스로 주는 친절함도 잊지 않았다. 'Strangers in a Strange Land'는 얼마 전에 생긴 곳인데, 이태원로의 뒤쪽 작은 골목길에 위치해 있다. 작고 긴 공간인데 항상 사람이 많지 않아 호젓한 느낌을 주며 작은 스피커에서 나오는 소리가 만만치 않다. 작은 테이블은 노트북이나 아이패드를 올려놓고 맥주병을 놓기

"Strangers in a Strange Land."

에 부족하지 않다. 폴딩도어를 열어놓고 이태원의 뒷골목에 비가 내리는 것을 보기에 좋은 곳이다.

바에서 글을 쓰는 건 낭만적인 일이다. 어딘가에 자리를 잡고 마치 대문호가 된 듯 커피나 항상 마시는 칵테일을 시키고 눈썹을 찡그리며 창작의 순간을 보내는 건 해볼 만한 경험이다. 가끔 지쳐서 주변을 둘러보는 것도 또 다른 재미를 준다. 젊은 커플의 한없이 겉도는 이야기를 훔쳐 듣는 것은 일종의 스릴을 준다. 끊임없는 남자의 작업 멘트를 전혀 감지하지 못하는 어린 여자를 보고 있자면 가서 동시통역이라도 해주고 싶어진다.

사람들은 하고 싶어 하는 이야기가 참 많다. 술을 마시면 거대한 철갑문이 스르르 열리고 모아놓은 이야기들이 뿌연 물보라를 일으키며 쏟아져 나온다. 어느 바를 하나 잡아 나만이 앉는 테이블을 하나 찜해서 즐겁고 떠들썩한 사람들의 틈새에서 뭔가 끄적거리며 혼자 생각을 정리해보는 것도 나쁘지 않은 일이다. 그렇게 주변의 이야기와 스피커의 음악이 몰아치는 파도 속에서 조용한 생각의 섬을 만날 수 있다.

Part 3 공간은 무엇, 공간을 더 깊이 이해하는 법

| Essay |

공간의 리듬,
기둥이 둥둥둥

어떤 사람을 보면 참 말이 없다. 신중하고, 나서지 않으며 조용히 자기 할 일만을 한다. 평소에는 그런 사람들이 눈에 띄지 않는다. 화려한 자기표현으로 떠들썩한 인간관계의 구름 속에서 붕붕 떠다니는 사람들을 세상은 주목한다. 뒤로 물러나 자신의 역할을 진득하게 한다는 것은 지금 세태에는 조금 어긋나 있는지도 모른다. 하지만 위기가 닥쳤을 때, 의견보다 경험을 필요로 할 때,

말이 아니라 행동이 필요할 때 우리는 구름 속을 뒤져 이런 사람들에게 의지하게 된다. 조금 간지러울지 모르나 은유적 표현을 허락한다면 '기둥' 같은 사람인 것이다. 화려하게 치장하거나 독특한 모양새를 가지고 있진 않지만 조용히 땅을 딛고 머리 위에 천근의 무게를 지탱하고 있는 기둥처럼.

건축물 안에는 보이지 않는 힘의 흐름이 숨어 있다. 건물 안을 채울 사람과 집기들, 그리고 바람과 지진으로 만들어지는 흔들림이 모두 건물에 무게를 지우고, 흔들림을 준다. 건물이 높아지면 높아질수록 감당해야 할 무게는 놀랄 만큼 증가한다. 건물에서는 건물 안을 채우는 것들의 무게뿐만 아니라 그 자체의 몸집이 만들어내는 무게가 더 크다. 큰 건물일수록 덩치를 유지하기 위해서는 단단한 뼈대가 필요해진다. 이런 건물의 뼈대를 이루는 가장 기본적인 요소 중 하나가 기둥이다. 바닥은 수평적인 뼈대인 보에 의해 받쳐지고, 보는 다시 기둥으로 연결되어 무게를 저 아래 땅속 깊은 기초까지 전달한다.

이렇게 가장 기본적이며 필수적인 건축 요소인 기둥은 그에 상응한 대접을 받기 어려운 경우가 많다. 만들어진 공간 안에 기둥이 푹 박혀 있으면 시선이 가려지고, 공간을 구획하는 데 거치적거리기도 한다. 시원하게 트인 창문들이 계속되다가 하필이면 내 책상 자리 옆에 창가에 붙은 굵직한 콘크리트 기둥은 밖을 보는 시선을 막아서 원망스럽기만 하다. 지하 주차장의 기둥은 가끔 엉뚱한 위치에 있어서 급하게 주차하다가 소중한 차와 내 마음에 깊은 상처를 주기도 한다.

이런 이유들로 일반적으로 건축물을 계획할 때 되도록 적은 수의 기둥을 최대한 효율적인 모습으로 배치하려고 노력한다. 최소의 기둥으로 최대의 면적을 지탱할 수 있다면 공사비도 절감되고, 공간을 쓰기에 거스를 것이 적어져서 여러모로 이득이다. 꼭 필요하지만 밖으로 드러내기보다는 안으로 감춰야 하는 존재인 것이다.

건축이라는 것을 정의하는 요소 중 하나이면서 그만큼 대접 받지 못하는 기둥에 대해 건축가들은 숨겨진 애정을 보여 왔다. 기둥은 건축물의 하중을 받치는 구조적 요소만으로서가 아니라 공간의 기본 단위를 나누는 원칙의 규준으로서, 또한 외부 입면의 정돈된 규칙을 만들어내는 요소로서 쓰였다. 음악으로 치자면 드럼이나 베이스의 라인과 같다. 규칙이 심어지고 그 위로 멜로디와 화음이 날아다니듯, 기둥이 세워지고 바닥과 벽, 창문이 들어서며 그 주위에 장식들이 덧붙여진다.

인간은 자신을 둘러싼 자연환경의 자연스러움과 예측 불가능함을 경이로워하면서 동시에 일정한 법칙과 규칙이 정해져 있지 않은 혼돈 그대로의 자연을 두려워하며 이성과 원칙을 부여해서 그 속에서 안정감을 찾으려 노력해왔다. 자연에 숨겨진 원칙을 발견하고 정의하며, 그렇게 복잡한 세상을 이해하려고 한 세상을 소비한다. 건축은 자연에 대한 인간의 이해를 바탕으로 자연을 극복하려는 인간 의지와 이성의 힘에 대한 믿음의 결과물이다. 자연이 만들어내는 복잡함 속에 인공의 법칙을 심는 행위가 건축의 본질적 태생의 원리였다. 기둥은 건축의 태생부터 함께 규칙을 만들어내는 장치였다.

대학교 2학년 때 경복궁을 찾은 적이 있다. 고건축의 아름다움은 아직 마음에 와 닿지 않았고, 갓 구입한 사진기는 다루기가 힘들었다. 근정전 근처를 서성이다가 주변을 둘러싼 회랑에 섰다. 회랑의 기둥들이 길게 늘어서서 소실점까지 가지런히 열을 맞추고 그림자를 떨구고 있었다. 사진기를 들이대고 수평을 맞춘 후 셔터를 눌렀다. 현상소에서 인화를 해서 받아온 사진에는 기둥 개수만큼의 그림자가 있었고, 그 둘은 손바닥만 한 사진에 깊이감을 만들어주고 있었다. 그 뒤로는 늘어선 기둥들을 좋아하게 되었다.

기둥은 공간의 영역을 제시하지만 벽과 같이 공간의 나눔을 만들지 않는다. 많은 경우에 영역을 한정할 때 말뚝을 박는다. 축구 경기장 라인의 끝에 깃대를 꽂아 각 끝점을 표시하고, 측량을 하고 난 땅의 각 모서리에 말뚝을 박아 경계의 한계를 땅 위에 표시한다. 기둥은 근본적으로 점과 같은 존재여서 그 점들을 연결하는 가상의 선에 의해 영역을 인지하도록 만든다. 점으로서의 기둥은 선과 면으로 영역을 나눌 때와 달리 경계를 오가는 자유를 속박하지 않는다. 기둥들로 이루어진 경계는 언제나 오갈 수 있는 곳이 된다. 원칙과 기준을 알려주되 그 안에 가두지 않는다.

줄지어 늘어선 기둥은 마치 길가의 나무와 같이 들리지 않는 리듬을 만들어낸다. 반복적으로 일정한 간격으로 배열된 기둥들이 늘어

선 방향을 따라 옆으로 걸어보면 시각적인 울림이 있다. 둥둥둥. 우리는 정해진 시간 속에 보이지 않는 반복의 리듬에 맞춰 삶을 걷는다. 나고 자라고 죽을 때까지 아침이면 일어나고, 때가 되면 밥을 먹으며, 사회가 원하는 것들을 매일 반복하며 삶을 유지할 것들을 얻고, 하루 중 언젠가는 누워 눈을 붙여야 한다. 때론 이런 반복이 너무 지겨워 도망치고 싶지만, 한편 그런 반복이 내 삶에서 멀어졌을 때 심각한 불안감을 느끼기도 한다. 며칠 시간을 내어 마음껏 게으른 생활을 하다가 공허함을 느끼거나, 먼 곳으로 긴 여행을 갔다가 왠지 다시 돌아가고 싶은 마음이 든다면, 오랜 기간 지겹도록 다니던 회사를 그만두고 아침에 늦게 일어났을 때, 어떤 불안감이 뒷머리를 스친다면 그것은 익숙했던 장소를 벗어난 것에서 오는 느낌뿐만이 아니라 항상 우리가 스텝을 밟던 리듬에서 벗어났기 때문일 수 있다. 우리를 얽어매는 것 같은 반복들이 사실 내 삶을 지탱하는 시계의 역할을 한다.

반복의 리듬을 벗어나 자유로운 길을 떠나는 것은 멋지다. 하지만 언젠가 돌아갈 수 있는 기둥들이 늘어선 곳은 항상 필요하다. 영화 〈인셉션〉에서 의식의 서로 다른 영역들을 종횡무진 오가는 주인공은 꿈과 꿈 사이에서 현실에 대한 끈을 놓지 않기 위해 토템을 지니고 다닌다. 그 조그만 물체가 자신이 현실에 있는지, 아니면 바스러질 듯 선명한 꿈속을 떠다니고 있는 것인지를 확인하는 유일한 방법이다. 붙잡을 것이 없는 현실은 나비가 날아다니는 꿈과 다를 바 없다.

극단적인 자극들과 믿지 못할 수많은 사건들이 정신없이 몰아치는 날이 오면 당신은 어딘가 숨어 있을 지도 모를 리셋버튼을 누르고 싶어진다. 그럴 때는 우리가 기억하는 장소를 찾아가야 한다. 변하지 않는 익숙함이 여전히 있는 곳. 어릴 적 단순하기만 했던 세상이 아직도 그 모습 그대로 숨 쉬고 있는 곳. 오랜 시간 그 지루함 때문에 멀리 했던 곳을 찾아 갈 만하다. 그곳은 가지런하게 열을 맞춰서 있는 기둥들이 만들어내는 일정한 울림처럼 혼란스런 당신이 어디에 서 있는지 다시금 당신의 위치를 확인시켜줄 것이고, 번잡한 마음속의 질서를 다시 제자리로 돌려줄 것이다. 내 삶의 시계가 되어주는 공간과 그곳에 스며 있는 기억들은 혼돈의 파도가 치는 세상에서 날 제 위치에 서 있게 해준다.

| Epilogue |

생각의 깊은 우물 속 꿈,
내가 꿈꾸는 공간

한강을 뛴다. 오래간만이다. 조금 추워진 날씨에 옷을 껴입고, 이어폰 잭을 스마트폰에 연결하고 운동화를 신고 밖으로 나온다. 한강 둔치에 내려올 때까지 오늘 나와 함께 달릴 노래를 고른다. 머리가 복잡할 때는 팝송을 고른다. 영어 가사는 귀기울여 듣지 않는 한 연주곡과 다를 바 없어서 생각을 방해하지 않는다. 신발끈을 다시 매고 스트레칭을 간단히 한 뒤 천천히 속도를 낸다. 저질 체력은 한두 주만 운동을 게을리해도 금방 예전 모습으로 몸의 상태를 리셋한다. 몇백 미터 뛰기도 전에 숨이 턱에 찬다. 두 번째 다리까지는 뛰자. 조금 더 뛰고 나면 몸이 조금씩 옛 기억을 되찾고 귀에 울리는 음악이 다리를 끌어준다. 조금만 더 뛰자.

글을 쓰는 것은 전혀 다른 마음의 근육을 필요로 한다. 가냘픈 근육을 가지고 쉽게 달려들 일은 아니다. 마지막으로 하고 싶은 이야기는 '내가 꿈꾸는 공간'으로 정했다. 내가 좋아하고 원하는 공간에 대해 이야기하는 것은 생각보다 힘든 일이었다. '공간'에 대한 책을 쓰면서 나의 공간을 이야기하는 것에서 막히고 만다. 내 이야기를 꺼내는 것은 어렵고 당황스럽다.

첫 번째 다리가 앞에 있다. 땀이 흐르고 머릿속이 점점 더 단순해진다. 생각이 안 날 때는 몸을 괴롭히는 것이 도움이 된다. 머리가 멈추었을 때 나 너무 많은 생각에 머리가 아플 때 땀을 흠뻑 흘리면 몸 속에 들어 있는 것들이 제자리를 다시 찾는다. 어제 남쪽의 먼 도시로 강연을 갔다가 돌아와서 일요일에 사무실에서 못 다한 일을 하고 들어오니 글을 쓰는 것이 아득하기만 하다. 몸은 무겁고 생각은 뻗지를 못한다. 내가 꿈꾸는 공간에 대해 아무리 생각해도 정리가 안 된다. 달리고 나면 생각이 나겠지. 그리고 맥주 한잔을 하며 쓰자. 내 꿈을 달리면서 찾아야 한다.

"자네 꿈이 뭔가?"
처음 처가에 인사를 간 날 장인어른이 물어보신 질문이다. 엉겁결에 "즐겁게 행복하게 사는 겁니다"라고 지극히 재미없고 평범한 답을 등줄기에 흐르는 땀과 함께 내놓았다. 하고 싶고, 사고 싶고, 먹고 싶은 것이야 많겠지만 그것들이 다 꿈은 아니다. 나의 삶은 야망이나 거창한 목표를 가지고 매진하며 사는 것과는 한참 거리가 있기에 질문은 여전히 유효하고 여전히 답하기 힘들다.

사람들은 자신의 바람을 모아 꿈을 꾼다. 삶의 더 나은 모습과 언젠가 자신이 갖고 싶은 어떤 것들과 멋있게 변해 있는 자신의 모습을 더해 꿈을 꾼다. 꿈을 꾸는 것은 매우 시각적인 것이다. 자신의 모습을 그려보는 순간 주변의 것들이 눈에 보이는 것이 되고, 손에 닿는 것이 된다. 바라는 것들이 이루어질 무대가 필요해진다. 공간은 그 꿈을 위한 백그라운드가 된다. 자신이 바라는 것이 분명하지 않을 때 먼저 어떤 장소에 자신이 있는지를 머릿속으로 그려보는 것은 도움이 된다. 멋진 고층 빌딩의 높은 층에서 도시가 사방으로 내려다보이는 사무실 책상 뒤에 당신이 있을 수도 있고, 유럽의 어느 마을 길거리 카페에 낡은 가방과 사진기를 내

려놓고 커피를 마시고 있을 수도 있다. 의자에 앉은 많은 사람들에 둘러싸여 신나게 이야기를 하고 있을 수도 있고, 혼자 나풀거리는 셔츠를 걸치고 해변가를 걷고 있을 수도 있다.

반대로 공간의 모습은 사람들로 하여금 꿈을 꾸게 만들기도 한다. 텔레비전에서 아파트 분양 광고를 보면 실제 아파트 공간과는 매우 다른 곳에 비현실적으로 아름다운 여인이 하늘하늘한 옷을 입고 일상의 행복에 겨워 사뿐사뿐 걸어 나온다. 창 밖에는 시선을 막는 것 따위는 없고, 층고는 어마어마하게 높으며 거실은 30평형대 아파트 전체만 하고, 모든 가구는 이탈리아 수공예품 같아 보인다. 실제 그 건설사가 세상에 내놓는 아파트의 모습과는 매우 다름에도 불구하고 브랜드의 이미지 구축을 위해 만들어진 공간의 모습은 몇 초 동안 사람들을 꿈꾸도록 한다. 허상의 공간을 이용한 광고 전쟁이 한바탕 지나가고 언제부터인가 아파트 광고 한 켠에 '실제 OO단지의 모습' 등의 자막을 덧붙여서 이제 현실의 공간을 꿈꾸도록 종용한다. 당신이 조금만 더 대출을 받고 결심을 하면 저렇게 아름다운 녹지와 편리한 편의시설을 누리고, 당신의 차에 흠집을 내지 않을 만큼 넓은 주차 구획선에 차를 세우며 살 수 있을 것이라 속삭인다.

직업이 건축설계이기에 남의 꿈들을 해석하고 그것을 종이 위에 그려내고, 공간적으로 만들어내는 것을 적지 않은 시간 동안 해온 셈이다. 그런데 과연 내 자신이 꿈꾸는 공간이 있는지 궁금해졌다. 건축적으로 의미가 있거나 구현하고 싶은 공간의 모습은 있겠지만 그것들은 '내가' 원하는 공간은 아닌 듯싶다. 정말로 내가 좋아하는, 나를 위한 공간은 어떤 공간일지 생각하면 그 질문에 쉽게 답이 나오지 않는다. 그동안 나는 내 꿈을 꾸지 못하고, 다른 사람들의 꿈만을 열심히 꾸고 있었을지도 모른다. 알고 있는 여러 공간들이 머릿속에 떠올라도 그것이 '나의 공간'은 아니었다. 그것은 내가 있고 싶은 곳이고, 나와 동일시할 수 있는 나만의 공간이어야 했다.

두 번째 다리가 눈앞에 있다. 오랫동안 제구실을 하지 않고 그저 자동차 페달만 밟던 다리는 주인에게 호소를 하기 시작한다. 속도를 늦추고 걷기 시작한다. 내 머릿속 깊은 우물 밑에 있던 무언가가 스르르 끌어 올려지기 시작한다. 단단하고 동그란 우물 속은 햇살이 닿지 않아 바닥이 보이지 않는다. 무언가 있지만 평소에는 보이지 않는다. 내 꿈은 저 아래에 있다. 많은 기억과 생각들의 얽힘 속에 숨어 있다. 이제 그것이 조금씩 올라온다.

어느 날, 한 권의 책을 발견했다. 그 책은 애니타 브루크너의 『호텔 뒤 락』이었다. 주인공은 어떤 일인가를 겪고 나서 조용한 곳에 위치한 휴양 호텔로 도피하듯 글을 쓰러 간다. 책 초반부에 호텔의 모습이 그곳에 있는 사람들과 함께 그려진다.
저 우물 깊은 곳에서 그 책의 호텔이 보였다. 내가 꿈꾸는 공간의 모습이 소설 속 호텔의 모습과 겹쳐지며 조금 더 분명해지기 시작했다. 내가 그곳에 있는 모습이 그려진다. 그곳에서 손님이고자 하지 않는 것은 확실했다. 방문자가 아닌 그곳에 속한 사람이어야 한다. 그래, 난 도시에서 먼 곳에 있는, 손님들이 들고 나는 자그마한 공간을 꿈꾸고 있다.

　전에 있던 회사에서 리조트 설계를 많이 했다. 건축물의 용도 중 리조트는 특이한 존재이다. 그곳은 즐거움과 휴식의 공간이다. 일상을 떠나 삶의 즐거움을 찾아온 사람들을 위한 비일상의 공간이다. 모든 요소들이 편안함과 즐거움이라는 목표를 위해 준비되고 배열된다. 내외부 공간은 번잡스런 삶을 떠나 먼 길을 찾아온 사람들에게 그들이 등 돌리고 두고 온 것들이 기억나지 않을 정도로 충분한 낯섦을 느낄 수 있도록 철저히 계획되어야 하고, 그곳에서 손님을 맞이하는 사람들은 항상 하늘에서 내려온 듯한 미소를 띠고 고개를 돌려 눈을 맞춘다. 삶은 천천히 흐르고, 오늘 끝내야만 하는 일은 아무것도 없다.

　항상 하루의 목적은 다른 이들을 어떻게 행복하게 해줄 것인가에 대한 고민일 것이고, 그 자체가 행복일 것이란 생각이 들었다. 총지배인이든, 시설 매니저이든, 아니면 수영장의 낙엽을 걷어내고 복도를 닦는 사람이든. 낭만적인 생각임에는 분명하지만 좀 더 나이가 들고 구부정한 어깨를 하고, 아무도 내 인생의 성공과 실패를 조언하지 않을 때가 되면 그런 곳에 있을 만하다. 자연과 건축은 아름답고, 항상 새로운 사람들이 감탄사와 함께 방문하고, 몇 년째 때만 되면 다시 찾아오는 단골들이 있는 곳에서 단순하고 그러나 정성이 필요한 일을 반복하며 지내는 것은 멋진 일일 것 같다.

　시내 또는 읍내에서 택시로 닿을 거리에 작은 호텔이 있다. 벽돌 벽에 담쟁이 넝쿨이 타고 오르는 3층 정도 되는 건물이다. 바와 테이블 몇 개가 전부인 식당이 붙어 있고, 나무로 만들어진 프런트 데스크 옆에 넓은 계단이 위층 객실로 연결된다. 호텔 밖에는 작은 정원이 있고, 화려하지 않은 분수가 놓여 있어서 주변에 은은한 물소리를 퍼뜨리고 있는 곳. 가까이 있는 숲 속 산책길이 잎사귀 넓은 나무들 사이로 연결된다. 아침에는 토스트를 굽고, 예약 리스트를 확인하고, 점심에는 정원을 다듬고 떠나는 손님들에게 손을 흔들며, 저녁 늦은 시간에는 와인잔을 닦으며 음악을 틀 수 있는 공간.

어딘가에 정주하는 것에 항상 불안해 하면서도, 세상을 휘젓고 다니는 그런 바람 같은 삶의 불확실성 또한 두려워하는 나에게 호텔은 어쩌면 적절한 공간일지도 모른다. 항상 새로운 사람들이 잠시 왔다가 떠나가는 곳. 고정적인 것은 없으나 그리 변하지도 않는 공간. 누구의 집도 아니지만 머무름이 주목적인 곳. 장소의 아름다움이 사람들을 부르는 곳. 사람들을 만나길 좋아하지만, 의무적으로 나가는 동창회 모임처럼 끈끈함이 강요되는 곳을 싫어하는 나에게는 가장 적절한 공간이다.

동네 단골 바에서 이 글을 쓴다. 나무로 만든 바에는 작은 초의 불빛이 가끔 열리는 문으로 들어오는 바람에 흔들린다. 글을 쓰고 손님들이 다 떠날 때쯤 나도 집으로 가야 한다. 꿈이 이루어진다면 그건 자신이 생각하던 목표일지언정 꿈이 아닐 듯싶다. 이루어지고 나면 심심해 못 살 수도 있다. 어쩌면 몇 년 지나지 않아 꿈은 바뀔지도 모른다. 마음 깊은 곳에 있을 때 꿈은 아름답다.

Interview
〈건축학개론〉에 스며든 공간

이용주 감독 vs. 구승회 소장, 그들이 생각하는 공간은

　인터뷰는 영화의 개봉 후 이용주 감독과 내가 제주도에서 열린 한 강연에 초청받아 가게 된 제주행 여정 중에 이루어졌다. 나는 서연의 집의 세트 철거 후 갤러리 신축 공사의 착공을 위한 현장 방문을 해야 했고, 감독은 오랜만에 영화를 찍던 곳을 둘러보는 것에 의미를 두었다. 초가을 태풍이 몰아친 후 더할 나위 없이 맑은 하늘을 가로질러 제주도에 내렸고 첫날 강연을 마쳤다. 다음날 우리는 성계미역국으로 해장을 하고 위미리 건축 현장을 둘러보았다. 그후, 서울로 돌아갈 비행기를 기다리며 어느 커피전문점에 앉아 인터뷰를 했다. 대화의 질감을 살리기 위해 녹취한 내용을 최대한 가감하지 않고 옮겨 정리했다.

구승회 소장 (이하 '구')　〈건축학개론〉에서 가장 인상적인 공간이 있다면 어떤 곳이 있을까? 영화의 의미면에서 해석해도 좋을 것 같아.

이용주 감독 (이하 '이')　감독으로서 이용주와 개인 이용주가 다를 수 있을 것 같은데…….

감독으로서는 아무래도 제주도 서연의 집이지. 영화의 가장 중요한 공간이었으니까. 가장 공을 들였던 공간이고 우리가 만들어낸 공간이기 때문에 두말할 것이 없지.

하지만 개인적으로는 승민 어머니의 집이야. 기억이 쌓여 있는 공간이거든. 실제로 나도 한 동네에서 오래 살았고, 그곳을 지금은 떠나 있지만 어머니가 아직도 그 동네에 살고 계셔. 그곳의 대문 이야기를 해볼까? 녹색 철문 있잖아. 본편에서는 삭제했지만 그 집의 소개가 처음에 어떻게 되냐면 어머니가 철문에 녹색 페인트를 새로 칠해서 '뺑끼칠 주의'라고 종이에 써서 붙이지. 결국 삭제됐고 DVD 사면 볼 수 있어.(웃음) 거기에 색을 새로 칠하고, 십몇 년이 지나서 그 색깔이 바래고, 승민이 걷어찼던 부분이 녹슬어. 그동안 집이 낡고 어머니도 같이 늙었지. 그게 십 년 동안 제작을 못하는 상황에서도 이 시나리오를 놓을 수 없었던 이유였던 것 같아.

구 녹색 대문은 승민한테는 뛰쳐나가고 싶은 어머니의 세계를 상징하는 장치인 듯 느껴졌어. 그런데 승민이가 미국으로 떠나면서 녹색 대문을 붙잡고 울잖아. 그때 영화를 보며 나도 울컥했었지. 대문에 관련된 삭제 신이 있는 것은 몰랐네.

이 시나리오에는 있었지.

구 이 이야기는 재미있다. 기억에 대한 이야기잖아.

이 그 대문이 그런 거 같아. 너도 잘 알겠지만 내가 리바뷰 맨션이라는 한 집에서 되게 오래 살았잖아. 영화 속 승민처럼 집에 대한 불만이 굉장히 많아서 어떻게 보면 공간에 대한 불만족 때문에 건축학과를 가지 않았나 싶어. 내가 어렸을 때부터 거기서 줄곧 살았는데 초등학교 때 아니면 유치원 때부터였던 것 같아. 보면 그때 당시 벽지가 있단 말이지. 그 당시에는 도배를 계속 옛날 벽지 위에 하고 또 하고 하잖아. 나이 먹어서 보면 어디 한 귀퉁이가 찢어져서 옛날 벽지가 보인단 말이야. 계속 덧칠한 느낌처럼. 그러면서 그 옛날 벽지를 보며 그 시절에 대한 기억이 나면서 '이 집이 그렇게 오래된 집이구나' 다시 한 번 느끼게 되지. 매일 일상이 반복될 때는 그런 생각 못하지. 그저 오래 살았다고만 정량적인 생각만 하다가 지나간 시간들이 피부로 탁 느껴지는 순간이랄까.

내가 제발 좀 버리라고 하던, 이삼십 년 동안 버리지 않은 반닫이 가구 같은 게 집에 있었어. 실용적인 수납공간으로 쓰이지도 않으면서 어머니가 그냥 그 위에 이것저것 물건을 쌓아놓기만 하고 버리지는 않으셨어. 어머니의 집을 이사하면서 그 안에 내용물을 보는데 내가 초등학교 2학년 때 샀던 현미경 밑에 있는 글라스가 나오더라구. 한 번도 쓰지 않은 새 물건이 나오기도 하고, 나의 오래된 물건들이 거기서 나오더라. 그곳에 있은 지 20년, 30년 된 것들. 그걸 보면서 이상한 기분을 정말 많이 느꼈거든. 아! 진짜 집이라는 게 이렇구나.

그리고 대문에 대한 이야기가 하나 더 있어. 옛날에 시나리오 썼다가 지웠던 신 중 하나야. 강 교수가 첫 수업에서 학생들이 자신이 사는 동네를 너무 모른다고 이야기할 때. 그 장면 전에 좀 더 디테일한 이야기가 있었어. 강 교수가 한 학생 보고 나와서 칠판에다가 무작정 네가 사는 집 대문을 그려보라고 하지. 의외로 그려내는 학생들이 없거든. 매일 여닫는 문인데도. 매일 눈앞에 있는 건데 그 모양을 기억 못하는 사람이 너무 많더라. 실험을 해보고 싶었어. 분명히 그럴 것 같았어. 승민이네 집 같은 경우는 더 질감이 생생하겠지. 아파트 대문도 다 다르지만 그것을 기억하는 사람들은 없더라. 그런 것에서 이 이야기가 시작된 게 아닌가 싶어.

좋은 에피소드들이 많은데 그렇게 짤려 나간 게 수두룩해서 아까워. 드라마로 꼭 만들고 싶어. 월요일은 과거, 화요일은 현재해서 16부작으로. (웃음)

구 대문에 대한 글을 쓰면서 그런 비슷한 생각을 했거든. 그게 굉장히 일상적이어서 나의 세계와 밖의 세계를 오가는 그런 드라마틱한 공간일 수도 있고 여러 가지 의미가 부여될 수 있는데도 불구하고 대문을 넘나드는 것이 굉장히 상투적이고 일상적인 게 되다 보니깐 의미가 없어지고 또 실질적으로도 우리가 인식을 못하고 지나가고 있다는 거지.

이 아파트의 대문은 특히 더 그렇지.

구 번호만이 차이를 만들고 있잖아.

이 정말 몰개성화야. 기억나는 게 구승회 소장의 아파트 빨간 대문. 멀리서 봐도 보이고. 민폐가 아닌가, 집값 떨어뜨리는 만행이 아니냐는 이야기도 했지만.(웃음) 그런 면에서 생각할 수 있는 게 바로 아파트만의 몰개성화이고. 대문이라는 게 여닫는 보안의 기능과 화났을 때 발로 차는 것 외에는 무엇이 있나 그런 생각도 드는 것 같아.

구 영화를 보면 강의실, 옥상, 계단, 정릉 골목길 등등 여러 장소와 공간들이 나와. 이것들을 매개로 하여 내가 하고 싶은 이야기를 책에서 풀어봤는데. 감독의 입장에서는 이런 공간들의 선택이 무언가 보여주려고 했던 의도된 공간들인 거야?

 예를 들자면 아파트 옥상 같은 것. 나는 옥상을 특별하게 만드는 것은 결국 머리 위 하늘의 존재라고 생각했거든. 영화를 보면 아파트 옥상 장면에서 승민이 음악을 귀에다 딱 꽂는 순간, 하늘의 모습을 잡아주더라고.

이 사실 그 신 찍을 때 날씨가 너무 안 좋았어. 주인공 둘이서 이어폰을 꽂기 전까지를 찍었는데 흐리다가 해가 났다가. 신끼리 연결이 너무 깨지는데 현장에서 고민한 게 어떻게 하면 좋겠냐, 그러면 이어폰을 꽂을 때 인서트를 하나 찍어 넣자. 그래서 인서트를 넣기로 했지. 그 하늘은 사실 제주도 하늘이야. (웃음)

구 강의실은 어때?

이 음. 의도된 공간이라기보다는 의미 있는 공간이라고 생각했던 것 같아. 그 의미 있는 공간들을 촬영 현장에서 따로 찍었어. 특히 강의실, 빈집, 계단, 옥상도 다 따로 찍은 거야. 이것들도 찍어놓고 편집 과정에서 결국 빠졌지만.

 〈건축학개론〉이 과거를 생각하면서 만들었다고 했잖아. 우리가 옛날 음악을 들을 때 '아 그때' 이러면서 이 노래를 들었을 때 뭐했지 이렇게 기억을 소환하는 기제가 있다면 공간이라는 것도 그런 역할을 하잖아. 잊고 지냈던 공간에 갔을 때 아! 그러면서 기억을 떠올리는 것 말이야. 학교가 대표적인 공간이잖아. 학교에 있던 시절을 떠올리게 만드는.

그래서 그런 공간들을 촬영할 때 배우들 빼고 빈 공간만 찍어 놨어. 그래서 영화의 클라이맥스에서 이 빈 공간들을 삽입하고 음악이 흘러나오면 분명히 강렬한 느낌이 있을 것이라고 생각했지. 우리에겐 긴 시간이 지난 먼 기억 속 공간이지만 여전히 다른 사람들로 채워지고 있는 그곳.

구 영화에서 아파트의 옥상이 나오지. 교수님이 끝까지 가봐라 해서 가는데 강남의 끝, 아파트, 그리고 거기에 옥상. 그곳에 올라가잖아.

이 두 가지 이유가 있는데 하나는 710번의 노선도가 중요했어. 노선도의 끝이 개포동이었으니깐 개포동이 나와야 된다는 거. 대학 다닐 때 12번 좌석버스 종점이 개포동이었는데 수학 과외 가다가 깜빡 졸아서 거기까지 간 적이 있었거든. 나에게는 생경한 곳이었어. 너도 그렇겠지만 강북에서 나고 자라서 강남에 갔을 때 낯선 풍경들이 있잖아. 죄다 아파트로 가득 차 있고.

내가 그런 이야기한 적 있었지. 이 이야기는 서울 사람들이 고향을 어떻게 인식하는가가 궁금해서 시작한 것이라고. 강북에서 오래 산 사람과 강남에서 오래 산 사람이 서울을 인식하는 것이 다르다는 이야기. 자기가 사는 동네를 강북 애들은 이촌동, 장위동 등 이렇게 경계로 인식한다면 강남 애들은 우성3차, 개포주공 이렇게 인식하더라. 그게 어찌 보면 강남이라는 곳이 인위적으로 편리성으로 개발되었기 때문에 공간적인 구획에 대한 것보다는 아파트의 이름, 브랜드로 인식하는 거잖아. 대학교에 들어가서 강남 친구들을 처음 만났을 때 걔네들의 대화가 어땠냐면 "나도 아는 애 있는데." "걔도 어디 주공 살았었어, 걔 우성3차였잖아." 이러면서 동네이름을 하나도 말 안 했거든. 의도적인 것은 아니지만 자연스러운 강남문화라고 할까.

 그런 것에서 아파트 이야기가 안 나올 수 없는데, 이제 우리나라의 대표적인 주거형태가 아파트지. 지금 명실공히 아파트가 대표적인 우리나라의 주거문화인데 아파트의 단점에 대해서만 이야기를 할 때는 지난 것 같아. 아파트가 많다는 사실을 인정하고 그것이 대표적인 주거문화라면 그 안에서의 고민들이 필요하니까. 나는 이제 건축을 안 해서 모를 수도 있지만 그런 화두가 있는지 궁금하기도 해.

 건축가들도 아파트 설계 자체에 대해서 크게 관심을 갖거나 의미 부여를 안 한단 말이야. 나는 그게 건축가들이 대표적인 주거형태에 대한 관심이 없어서인 것 같기도 해. 단독주택이나 갤러리를 지어야만 재미있는 프로젝트라고 이야기하는 건축가가 건축가가 될 자격이 있을까? 물론 그런 설계를 전부 다 대기업 주택사업부에서 해버리니깐 기회가 안 주어지는 것도 있겠지만 건축가들이 아파트 콤페티션건축에서 우수한 설계를 다루는 경기 잘 안 나가거든. 아파트가 재미없다는 그런 이야기를 왜 하는지는 너무나도 잘 알지만 건축가의 기본적인 마인드나 자세에 대해서는 투정, 편식 이런 느낌은 있어.

구 이 감독이 워낙 건축에 대해 시니컬한 건 알겠는데. 그건 건축가에게만 향할 이야기는 아닌 듯해. 영화계의 문제가 감독에게만 향할 수 없듯. 여하튼 계속 말해봐.

이 뭐 그런 이야기 때문에 개포동을 설정했던 것은 아니지만, 개포동은 버스 종점이고 강남의 끝이고 도시의 끝이라고 생각했지. 현재 서연이가 등장할 때 승민이가 서연에게 지금 어디 사냐고 물어보지. 서연이가

"개포동." 이런단 말이야 영화 두 번 보면 "어 얘 개포동 사네. 옛날에 얘네 둘이 개포동 갔었는데?" 이런 재미를 주고 싶었어.

그리고 예를 들어서 대학교 1학년 때 처음 강남을 접한 장소가 압구정 맥도날드였어. '아 여기구나, 여기가 만남의 장소, 메카.' 그런 상징성이 있었단 말이지. 그러면서 압구정동을 익히고 그다음 어디를 알게 되고. 그런 게 일종의 성장인 거지. 공간적 경계선이 확장된다는 것이.

초등학교 때는 집, 학교, 동네에만 있다가 초등학교 5학년 6학년 됐을 때 엄마 손이나 누나 손에 이끌려서 가는 게 아니라 나랑 친구랑 둘이서 종로를 한 번 가보고. 더 커서는 혼자 대한극장 있는 충무로 가면서 보는 시야가 넓어지면서 성장하잖아. 내가 가본 동네가 늘어나면서 사람이 성장하더라는 것. 나이 들면 해외도 가고. 점점 공간의 확장은 커지지. 승민이가 미국 가는 것처럼. 그런 의미로서 서울의 끝은 개포동이었어.

승민과 서연은 그때 자기가 가본 공간의 경계를 한 뼘 늘린 셈이야. 그리고 그런 공간 경험은 대학교 1학년 때 폭발적으로 증가하기도 하고.

구 옥상에는 왜 굳이 올라간 거야?

이 그 당시 강남의 풍경을 보여주고 싶었어. 그래서 CG로 많이 만졌거든. 그때의 강남 풍경은 '타워팰리스도 없었고 아이파크도 없었던 곳'. 예민한 사람들은 눈치챌 만한 그 풍경을 보여주는 게 중요했어.

그런 의미에서 그 대사가 나와. 승민이가 이야기하잖아. "와 집들이 저렇게 많은데." 그럼 서연이가 말하지. "내 집이 하나 없다니 이상하다." 내가 실제로 그렇게 생각한 적이 있었거든. 남산타워 올라갔을 때였나? 집들이 너무 많은 거야. 저기에 내 집이 하나 없다는 게 너무 이상하고.

너무 많고 흔한데 그게 그렇게 비싸고 이거 하나 살려고 아등바등거리니. 그래서 이 대사가 나에게는 정말 중요했어.

   그리고 옥상은 또 비행의 공간이잖아 그래서 더 감성적일 수 있는 곳이지. 예를 들어 고등학교의 옥상 탈출구 같은, 방황하는 청춘의 탈출구이기도 하고 옥상에서 뽀뽀도 하고 데이트도 하고 이런 거니깐 여러 가지 면에서 적합했다고 볼 수 있지. 그리고 그때 화면의 화각을 넓혀야 할 필요도 있었고. 한 가지 이유만 가지고 정리 되지는 않는 것 같아.

구 의도하는 것이 있었어도 읽어내는 사람이 다르게 읽어내는 것도 있을 테고.

이 읽어낸다는 거 말야. 특히 건축가들은 읽어낸다는 게 '정리한다'라는 것이지만 나는 읽어낸다기 보다는 이 모든 게 어우러져서 관객들이 느낄 수 있을 거라고 생각해.

구 어떤 사람들은 그냥 일반적으로 '느낄 거고', 영화 쪽이든 건축 쪽이든 어떤 사람들은 자기의 생각대로 분석하고 의미를 '읽어내려고' 하겠지. 그리고 중요한 질문! 서연의 집을 제주도로 고른 이유가 있다면?

이 그건 구 소장도 너무 잘 아는 이유고. 같이 골랐으니깐.

구 하하. 오케이 그다음! 제주도 서연의 집에서 가장 신경 쓴 부분은?

이 그런 부분도 구 소장이 너무 잘 아는 거지. 설계하는 과정에 다 들어가 있었으니까. 아! 제주도 서연의 집에서 가장 신경 쓴 부분은 구승회였지. 구승회와의 관계… (웃음) 진짜야!

구 건축 전공을 했다는 것이 영화 속에 영향을 미쳤을 것이라고 바라보는 시각들이 분명히 있을 거야. 어떻게 생각해?

이 분명 건축을 전공했기에 내게 배어 있는 건축과 공간에 대한 이야기가 있을 거야. 하지만 그것을 의식하고 영화 속에 공간에 대한 이야기를 만들어 넣지는 않았어. 공간을 다루는 것은 건축 전공을 했든 안 했든, 영화에서 당연히 중요시 되는 것들 중 하나이니깐. 〈건축학개론〉은 이름부터 건축이 들어가니 당연히 건축과 공간에 대한 내용이 더 보였을 것이지만 실제로 〈건축학개론〉보다는 감독 입봉작인 〈불신지옥〉을 보고 나서 사람들이 영화 속에서 다루어진 공간에 대한 이야기를 더 많이 했던 것 같아.

구 〈불신지옥〉의 경우 사람들이 신인 감독의 건축에 대한 이력을 내심 의식해서 더더욱 그렇게 해석하려 든 것이 아닐까. 세상이 이야깃거리를 만들고 싶어하는 방향으로 대상을 소비하는 것처럼.

이 그럴 수도 있겠지. 나의 이력 때문에 이렇게 선입견을 가질 수도 있겠다 싶긴 하고. 하지만 건축학과 출신이건 아니건 영화에서 공간은 정말 중요해. (공간이) 미술의 시작이기 때문에 헌팅을 중요시하는 거지. 설정적 공간을 무엇으로 채워 넣을까, 어떻게 보여줄까 고민하는 것은 영화의 기본이니깐.

구 〈불신지옥〉과 〈건축학개론〉을 비교했을 때 공간을 다루는 태도나 방식에 차이가 있었다고 생각해?

이 전혀 다르지 않았던 것 같아. 소재로 쓰였던 것 이상으로 일부러 더 많은 의미를 담으려 하지도 않았고.

구 실제로 승민의 나이 때 '건축학개론' 수업은 어땠는지에 대한 질문이 있었는데. 같이 학교를 다녔기 때문에 이 질문의 답은 이미 알고 있는 것 같다. 그때는 그런 수업이 없었지?

이 그랬지. 이상한 건 왜 '연극의 이해'나 '사진의 이해' 같은 과목은 교양과목으로 있었는데 '건축의 이해' 같은 과목이 없었는지 모르겠어.

구 영화가 나오고 난 후 주변의 건축학과 교수님들이 강의 내용에 대해 관심을 보이는 경우가 있었어. 영화 속 강 교수의 강의 내용은 쉽고 재미있고 또 도움이 되는 거라 몇몇 교수님들은 좀 더 진지하게 지금 강의하는 내용에 대한 반성을 했다는 이야기를 했어. 흥미로웠어.

이 요즘 학생들은 그런 수업 안 좋아할 것 같은데. 일단 숙제가 많으니까. 귀찮고 시간 드는 것은 찬밥일 거야.

구 하하. 다음 질문. 담아내고 싶었지만 영화에서 보여주지 못한 공간, 공간적 요소 또는 장소가 있다면?

이 음… 딱 찝어 말할 그런 곳은 없지만 긴 시간 시나리오를 다듬으면서 등장하고 지워진 많은 에피소드가 있었고, 그것들과 연관된 장소들이 있었어. 예를 들면 남산타워. 실제로 서울에 사는 사람들은 남산타워에 일부러 가지 않아. 어느 정도 나이가 될 때까지 안 가본 사람도 많지. 반대로 지방 사람들이 처음 서울에 오면 이방인 또는 관광객으로서 가봐야 될 것 같은 장소들 중에 남산타워가 들어가는데 승민은 서울에 살지만 남산타워에 한 번도 안가봤고, 서연은 제주에서 왔으니 가보고 싶어 하는 그런 설정을 쓴 적이 있어. 10년 전에 둘이 갔던 남산타워에 10년 후 서연이가 다시 가서 사진사 아저씨와 사진을 같이 찍는 그런 종류의 에피소드.

구 언젠가 유람선 이야기도 있지 않았나?

이 남산타워랑 비슷한 에피소드인 거지. 시나리오를 쓰는 동안 그것 때문에 남산타워에 혼자 올랐던 적이 있어. 디지털 카메라가 나오고 나서 사진사 아저씨는 더 이상 없을 거라 생각했는데 DSLR을 들고 서 계시더라. 프린터도 갖다 놓고, 그 자리에서 바로 출력도 하고.

구 그 자리에서 이메일로도 쏴 줄 걸. (웃음)

이 어쨌든 시나리오 쓰는 기간이 길었기 때문에 영화화 되지 못한 이야기가 수만 개야. 이걸 드라마로 꼭 만들어야 한다니까. 한 16부작 정도로. (웃음)

구 '케드'(케이블 드라마) 만들면 되겠네. (웃음) 그럼 다음 질문. 이용주 감독의 실제 사는 집은 어떤 모습인지?

이 구 소장이야 와 봤으니 잘 알겠지만 별거 없는 홍대 앞 원룸이야. 지저분하기도 하고.

구 이번에 쓴 글 중에 가구의 배치에 대한 이야기를 한 적이 있어. 이 감독의 책상이 원룸 한가운데에 있었잖아. 재미있어 보였어. 공간을 일정 정도 나눠주는 역할을 하고 있잖아?

이 이번에 벽에 딱 붙여 버렸어. (웃음)

구 이런 공간을 갖고 싶다, 이런 공간이 내가 원하는 것이다, 라는 것이 있을까?

이 결국은 넓은 공간을 원하는 것 같아. 언젠가 내 집을 짓고 싶다는 바람도 있어. 그리고 집안에 있는 콘센트나 배관이 공간과 분리되어 있었으면 좋겠어. 그런 것들이 보통 다 벽 속에 묻혀 있는데 옳지 않다고 생각해. 리처드 로저스의 퐁피두 센터에서 모든 설비와 배관이 밖으로 드러나 있듯이 기능적인 것들과 순수한 공간이 나누어져 있으면 좋겠어. 집안의 배치가 어떻게 바뀌든 불편함이 없도록 말이야. 언젠가 건축가 유걸의 사무소인 아이아크를 방문했는데 아크릴 튜브에 모든 배선이 정리되어 머리 위에서 내려오는 걸 흥미롭게 봤어.

구 단독주택에 대한 로망이 있나?

이 사는 집은 단독주택이어야 한다는 믿음 같은 것이 있어.

구 이제 마지막 질문! 가장 기억에 남는 공간 또는 장소가 있다면?

이 당연히 내가 오래 살았던 동네. 어쩌면 그 동네는 어머니의 장소일지도 모르겠다. 언젠가는 그 동네가 아닌 다른 장소가 나의 장소가 될 수도 있겠지만.

구 수고했다. 이제 공항으로 가자.

이용주 감독

연세대 건축공학과 졸업. 서른까지 건축사무소에서 일을 하다가 영화계로 전업. 봉준호 감독의 연출부에서 경력을 쌓았다. 2009년 〈불신지옥〉 시나리오와 감독을 맡았으며 두 번째 각본과 연출 작품 〈건축학개론〉으로 2012년 영화계와 문화 전반에 돌풍을 일으켰다.

Interview

공간이 나에게 말을 걸다 – 건축가들에게 듣다

당신의 공간은 무엇인가요?

이런 질문을 다른 이들, 특히 건축가들에게 묻고 싶어졌다. 그들이 정말 바라는 자신의 공간은 어떤 것인지, 자신이 제일 좋아하는 공간은 어떤 곳이었는지, 건축에 관한 전문적 지식을 걷어내면 그들 개인의 꿈이 보일 것 같았다. 이 책에 실린 건축가들의 인터뷰는 이런 단순한 이유에서 시작되었다. 학교에서, 술자리에서 만난 건축가 동료들은 뜬금없이 들이댄 녹음기 앞에서 조금 겸연쩍어하다가도 금세 술술 이야기를 풀어나갔다. 역시 건축가들은 이야기꾼들이다.

인터뷰의 때와 장소, 대상 인물을 선정하는 기준이나 원칙은 없었다. 인위적으로 사람들을 모으거나 찾아다니려 하지 않았고, 다만 나와 동선이 겹치는 인물들이 그날의 타깃(?)이 되었다. 이야기는 '당신의 공간은?'이란 질문으로 시작했지만 이런저런 이슈와 관심사들로 뻗어나가는 과정을 지켜보는 것도 또 다른 재미였다.

질문은 세상의 다른 문을 열게 만들고, 대화는 새로운 생각들이 다시 태어나게 만든다. 글을 쓰며 나눈 대화에서 영향을 받기도 했고, 또 내 생각을 다시 돌아보는 계기가 되었다.

Interview #1

첫 번째 인터뷰

첫 번째 인터뷰는 전주대학교 강의를 하러 내려가는 길 위에서 이루어졌다. 멀리 가는 여정이기에 서울에서 활동하는 네 명의 건축가가 돌아가며 운전을 해서 매주 금요일에 전주까지 내려갔다. 강의도 강의지만 점심과 저녁 때 전주 시내와 인근의 맛집을 순례하는 것 또한 큰 의미가 있기에 즐거움을 주는 동행이었다.

함께했던 이들은 다음과 같다.

민윤기 소장 (신도시21 건축사사무소)
김동원 소장 (스튜디오 ZT)
박성준 소장 (오름건축사사무소)

구승회(이하 구) 건축가들에게 묻고 싶은 것은 전문적인 질문이 아니라 그냥 각자가 생각하는 가장 기억에 남는 공간이나 장소에 대한 이야기거든요. 건축적인 가치 이런 것보다는 가장 좋아하는 장소나 기억나는 공간에 대해서 말씀해주세요.

민윤기(이하 민) 나는 옛날에 살던 개량한옥. ㅁ자 마당에 텃밭이 있고 양지 바른 곳에 따뜻한 빛이 들어오는 곳이 생각나네요. 거기에 자주 앉아 있었지. 그렇게 살았었는데……

구 어렸을 때 개량한옥에서 사신 거예요?

민 ㅁ자 한옥 텃밭에 마당이 있는 곳.

구 기억이 생생하세요?

민 그럼! 거기가 내 기억 속에서 제일 좋았어.

박성준(이하 박) 저희 집도 그런 한옥이었는데.

김동원(이하 김) 저희 집도요.

구 다들 그런 데 사셨네요.

김 네. 저는 ㄱ자 개량한옥 대청마루 있는 데서 살았어요. 초등학교 때 살았는데 재미있는 것은 그 이후로 살았던 아파트 생활에서는 집 공간과 관련된 기억이 별로 없어요. 근데 그 집에서는 지금도 아주 생생하게 설명할 수 있는 게 정말 많아요.

지붕을 타고 장독대를 통해서 옆집을 넘어다녔어요. 옆집 넘어다니면서 물폭탄을 던진다든지, 거지가 찾아와서 놀랐다든지, 집 뒤의 공간에서 연탄가스 먹었던 거, 겨울에 추운데 바깥에 나와서 무릎 꿇고 벌 받는다고 앉아 있던 것도 기억나요. 거기서는 공간과 연결된 기억이 많이 있는데, 아파트에서는 남아 있는 기억이 별로 없는 거 같아요.

구 저는 어렸을 때 한옥에서 살았던 경험이 없거든요. 어디 친척집에 놀러갔을 때 기억은 남아 있지만 직접 경험은 없었고요. 저보다 윗세대로 조금만 더 가면 한옥에 대한 경험이 보편적인 경험일 수도 있겠네요.

민 그럼.

김 맞을 거예요. 재미있는 건 한옥에 대해서 아예 잊고 살았고 관심 밖의 일이었는데 점점 한옥이 좋아지고 있어요. 그래서 요새는 한옥에 살고 싶다는 생각이 들어요.

구 이번에 새로 집을 지으셨잖아요. 그건 직접 설계하신 거죠?

김 그건 제 의지와는 관계없이 완전히 망가진 건물이죠. 건축주의 생각과는 다르게 시공한 후에 어쩌다가 제가 그 집으로 이사를 가게 되었네요.(웃음) 작품을 생각한다면 불을 질러버려야 될.(더 큰 웃음) 제 아이디어라고 할 수 있는 건 건물의 배치 계획에만 남아 있어요.

휴게소에 들러 커피를 마시며 이야기는 계속되었다. 어린 시절의 기억과 그것을 이루던 환경적 배경들을 이야기하기 시작했다.

민 우리가 이야기하는 것은 공간의 서정성 같아요. 공간의 정서를 이야기하는 거지, 공간의 구조와는 크게 관련이 없는 것 같은 생각이 들어요.

박 민윤기 소장님 말씀하시는 것 들어보면 어쩌면 꽤 보편적인 이야기 같거든요. 어렸을 때 할아버지 할머니 모시고 살고 저희 세대들 어머니 대부분 전업주부로 사셨잖아요. 그런 가족의 구성이 만들어내는 환경에서는 이야깃거리가 많죠.
지금은 2인, 3인 가족 하다보니 굳이 같이 할 수 있는 시간이 많이 없는 것 같아요. 마당 또는 툇마루라는 공간이 서로 부딪히면서 이야기하고 기억이 축적되는 곳인데 말이죠.

구 지금 우리가 이야기하는 공간의 서정성이라는 게 어렸을 때를 회상했을 때 그 기억의 아련함 자체가 만들어내는 서정성이 있는 것인데 그럼 과연 그것과 별개로 공간 자체가 가지고 있는, 어떤 정서적 작용이 있느냐가 중요한데요.

민 지금 박성준 선생이 이야기하는 것은 우리가 건축이라는 것을 배우고 나서 알게 된 것이고. 나는 그런 것은 전혀 배제하고서 첫 질문에서 공간이 떠오른 이유는 서정성 때문에 떠올랐다는 거지. 그게 공간의 구조 등 건축적 가치의 분석에 따라 떠오른 것은 아니라는 거지. 행위를 일으키는 사람들의 구성, 공간의 구조 등은 전혀 생각하지 않고 나는 그저 그 기억이 내가 제일 행복했던 공간이었다는 것.

김 그럼 지금 하신 이야기를 전문가 입장으로 건축적인 관점에서 다시 한 번 설명해주실 수 있으세요?

민 없어요. 나는 그것을 건축적인 관점에서 보고 싶지는 않아요. 하하.

김 근데 어쩌면 그걸 찾아내는 게 우리 건축가들이 해야 할 일일 수도 있으니까요.

구 이런 질문을 하는 이유도 건축적인 관점에서가 아니라, 일반적인 개인의 감상에서 나온 공간을 묻는 것이긴 한데, 한편 우리들은 그런 이야기를 개인적인 일상과 감정으로 이야기하다가도 서로 모여서 대화를 나눠보면 그게 왜 그럴까, 라는 이야기를 또 할 수도 있으니까요.
저는 그게 궁금한 거예요. 사람들의 기억 속에 살아남은 공간들이 가지는 특징 같은 게 있는 것일까, 하고요.
요즘 애들이 대부분 어린 시절에 아파트에서 사는데 아파트라는 공간이 지금까지 이야기한 단독주택이라는 공간은 아닌데, 그럼 과연 이 친구들이 서정성에 기반한 기억을 가질 수 있는 것일까? 아니면 덜 할 수밖에 없는 것인가도 궁금해지는 것 같아요. 계속 궁금증이 생길 것 같네요. (웃음)

김 상도동으로 가기 전에 아현아파트에 살았어요. 중정형 아파트 한 동짜리였죠. 그 가운데 보이드Void가 있었는데 밝거나 아름답거나 하지는 않았고 거기서 추락사고가 몇 번 있은 다음에 네트를 다 쳤죠. 그래서 출렁출렁하면서 공 가지고 뛰어다니면서 야단맞았던 기억이 나요. 아무리 지금 생각해도 아파트 내부는 기억 안 나는데 그 중정은 어떻게 생겼는지는 설명도 할 수 있고 그릴 수도 있어요.

박 낙원아파트가 중정이 있죠. 뚫려 있는 것이 음침한데도 이상한 매력이 있더라고요.

민 그건 어쩌면 닫힌 공간이라서 그럴 수도 있어요. 한옥도 그런 것이 있지 않나요? 공간구성으로 설명해보자면, 위요감 즉, 둘러싸여 보호받고 있다는 느낌. 아주 어렸을 땐 그게 중요하잖아요. 늘 시야에는 엄마가 있어야 되고, 내 시야와 잠재의식 속에서는 엄마가 날 보호하고 챙겨주고 있다는 느낌. 그건 보호받고 있다는 공간이라는 개념이 강한 거죠. 상투적인 이야기이지만 자궁이 가지는 상징성에 대한 이야기로 귀결되는 거죠. 인간이 가장 행복해하는 공간이 뭐냐고 하면 그렇게 원초적 공간에 대한 이야기가 많은 것 같아요. 상징적일 수도 있고.

박 한옥에는 부엌 옆에 광이 있었죠. 광도 그런 공간인 듯해요. 빛도 잘 안 들어오는 공간이지만 어렸을 때 친구들이 거기 가서 놀거든요. 쪽문으로 들어오는 빛 보면서요.

구 다른 그룹에서도 인터뷰를 했었는데 거기서도 비슷한 이야기를 했어요. 그때는 다락방 이야기가 나왔어요. 어떤 분은 거기가 너무 좋았다고. 우리가 막 그분의 성적판타지가 거기서 완성되었다고 놀려댔죠. (웃음) 그런 분이 있었고 대청마루를 이야기하신 분도 있었고요. 좁고 숨어 들어갈 수 있는 공간을 이야기하신 분은 말씀하신 위요감 같은 기억이 있었던 것 같아요.

김 제가 살던 옛날 집에는 다락이 없었어요. 그래서 다락방에 대한 기억은 없는데 대청마루 기억이 나네요. 안도 다다오가 그런 이야기를 책에서 많이 했잖아요. 자연에서 멀어진 콘크리트 건물에 살면서 비가 오는지 눈이 모르기 때문에 다리 건너서 우산 쓰고 가는 집을 설계했다고요. 그것도 하나의 중요한 포인트일 수도 있는 게 한옥에 살면 기후변화를 늘 온몸으로 느끼게 되거든요. 시간이 되면 비가 아무리 쏟아져도 연탄을 갈아야 되는 것이고 엄마가 바쁘면 싫어도 야단맞으면서도 갈아야 되는 거니까.

박 변해가면서 그 마당이 없어지고 그게 아파트의 거실이 되고 각 방으로 나눠지고 집약화 되는 되죠.

민 어렸을 때 다락에 올라가서 잠이 들었다가 일어난 적이 있는데 정말 무서웠어요. 일어날 땐 잠시 어떤 상황인지 잘 모를 때가 있잖아요. 그런데 다락에는 이상한 거 많이 쌓여 있고 그런 게 눈앞에서 보이는데 굉장히 무서웠어요. 그래서 빨리 내려왔어요. 그 기억 때문에 다락이 무서운 공간으로 인식되었고 다락에 가서 뭐 좀 꺼내오라고 하면 그렇게 싫었던 것 같아요.

박 광은 또 그런 용도로 쓰였네요. 잘못했을 때 가둬놓는 용도. 다락도 가둬놓는 용도로 쓰였지. 체벌의 공간.

구 그런 공간은 항상 냄새도 따라오는 거 같아요. 다른 공간과 다르게 먼지 냄새 같은 거 있잖아요.

민 대청마루든 뭐든 시선이 트여 있어야 되는 것 같아요.

김 왜요. 다락에서 성적판타지가 완성된 사람도 있다잖아요! 다락을 선호하는. (웃음)

구 (웃음) 자. 이제 다시 차에 타시죠. 가야하니까.

한옥, 그리고 과거로의 회귀. 그들의 기억은 정서적 향기가 났다. 세월이 덧입혀져서 또 다른 의미로 다가올 수 있는 과거의 기억은 현재를 살아가는 힘이 되어줄 것이다.

Interview #2

두 번째 인터뷰

두 번째 인터뷰는 세종대 강의 중 만난 세 명의 비교적 젊은 건축가들과의 대화였다. 커피숍의 한 자리를 잡고 질문이 시작되었다.

두 번째 인터뷰에 참석한 사람들은 다음과 같다.

신호섭 소장 (신아키텍츠)
염상훈 소장 (Studio WY)
이유정 소장 (CND)

구승회(이하 구) 나만의 장소, 공간이 있다면? 편하게 말씀해주시면 됩니다.

염상훈(이하 염) 전 코엑스 선큰가든이 생각이 나요. 가족이 잠시 외국생활을 하면서 혼자 삼성동에서 자취를 했는데, 그때는 코엑스몰이 생기기 전이었죠. 지금처럼 거대한 쇼핑몰은 없었고 현재 베니건스가 있는 삼성역 사거리의 선큰가든만 있었죠. 그때 학생이었는데 급하게 출력할 일이 있을 때마다 킨코스 삼성점을 종종 찾았고, 당시 인터컨티넨탈 호텔 측면 지상에는 레스토랑이었는지 펍이었는지 지금은 기억이 가물가물한 양식당이 선큰가든을 마주보며 운영되고 있었어요. 한 가지 확실한 것은 라이브 음악을 하는 이곳이 저녁이면 가게문을 활짝 열어놓았다는 것인데 저녁이면 근처 나무 밑에서 음악을 들을 수 있었어요. 날씨 좋은 날, 음악과 함께 느끼는 도시의 한산한 바람은 어느 산이나 공원에서 느끼는 것보다 더 여유롭고 기분 좋은 느낌이었죠.

그 뒤로 우연히 발견하게 된 작은 공간들에서 여유를 느낄 때마다, 그때 그 공간이 떠오르더라구요. 복잡한 강남의 한복판에 설 때마다 옛날 삼성역 사거리 선큰가든에서 느꼈던 도심 속에서 느꼈던 잠깐의 여유, 불던 바람, 몰래 듣는 듯하지만 불편함이 없었던 음악 그리고 옆에 같이 음악을 듣던 몇 안 되는 사람들 이런 것들이 기억나요.

신호섭(이하 신) 저에게 가장 기억에 남는 공간은 옥인동 한옥집이었어요. 어떤 때가 가장 좋았냐면요. 목련나무 한 그루가 있었어요. 마당 한구석에 그 목련꽃이 피고 비가 오고 나서 기와가 다 젖어 있고 그렇게 바람이 조금 불고, 약간 쌀쌀한 듯하고, 그런 게 기억에 나요.

그런 분위기가 있는 공간이 좋은 것 같아요. 분위기라고 하면 사람마다 해석하는 게 다를 텐데 저에게 분위기는 그런 감성적인 부분인 것 같아요. 따뜻했다라든지 너무 차가웠다라든지.

근데 항상 그 시절의 공간을 떠올리면 한옥이 ㄷ자형이고 한쪽은 담이 있고 담 밑에 장독대가 있고. 장독대 밑에는 보일러실이 있고 개량한옥처럼 됐지만 원형이 어느 정도 많이 보존된 거였어요. 부모님이 한옥에 들어가실 때 칠도 다시 하고 원형을 보존하려고 했거든요. 대청마루도 좋았지만 그 마당의 툇마루에 앉아서 목련나무를 보고 비가 오고 난 뒤의 그 축축한 느낌을 좋아했어요. 그 느낌이 찝찝한 게 아니라 되게 아늑했어요.

구 그게 어린 시절이었기 때문에 그럴까요? 아니면 한옥이었기 때문에 그런 걸까요?

신 둘 다 있었던 것 같아요. 사춘기 때 그곳에서 많이 지냈거든요. 초등학교 6학년 때쯤부터요.

구 사춘기가 빨랐군요. 하하.

신 한옥은 재료 때문에 더 그렇게 느껴지는 것 같아요. 거기에 쓰인 나무라든지 기와지붕이라든지요. 굳이 공간적으로 따지라고 하면 한옥이 아니더라도 그 정도 규모로 그 정도의 아늑함을 보여줄 수 있는 현대적인 공간이라면 비슷한 감정을 느꼈을 것 같아요.

염 기능적인 것은 어땠어요? 편리성 같은 부분이요.

신 불편한 게 있어요. 당연히. 화장실이 밖에 있었거든요. 겨울에 눈이 오면 눈밭을 헤치고 갔다 오고. 어느 순간 그게 익숙해지면 그게 불편한지도 모르겠더라고요.

구 당연한 것이 되는 순간이 오는 거겠죠.

염 친구 중에 한옥을 증오하는 애가 있어요. 거기에서 살았는데 또 가난하게 살았어요. 그것도 굉장히. 자긴 그 기억이 아주 지긋지긋하다고 하더라고요.

구 70년대 아파트들 선전을 보면 한옥은 완전히 퇴치해야 될 흉물, 악의 존재로 묘사되어 있는데요. 여자를 힘들게 하고 올바르지 못한 생활방식의 한 예로 소개됐죠.

신 저 같은 경우는 입식부엌이 설치되어 있고, 내부는 좀 고친 개량한옥이었어요. ㄷ자 한쪽 끝을 내주셔서 그때 처음으로 제 방다운 방이 생겼어요. 응접할 수 있는 조그마한 공간도 있고 잠 자는 방이 따로 있고 공간적으로 아주 좋았어요. 그래서 좋은 기억만 있는 것일 수도 있어요. (웃음)

구 전업주부이거나 직접 살림을 하는 여자 분들이 가족구성원으로 있는 집은 쉽게 한옥에 안 가실 거 같아요. 애들 다 키워놓고 일하는 사람이 있다든지, 여유가 돼서 가는 사람이라면 모르지만요. 아주 젊은 사람이거나. 남자들은 아무 생각 없는 것 같기도 하고요.(웃음)

구 한옥을 막연하게 불편하다고 하는 것하고, 살림을 한다고 생각했을 때 불편하다고 하는 것과는 완전히 다른 이야기가 될 것 같아요.

이유정(이하 이) 제가 생각하는 공간은 특정 다수가 오고 가지만 내가 편하다고 생각하는, 사회 안에 있는 공간인 듯해요.

구 예를 들면요?

이 카페일 수도 있고 도서관의 일층 중정 귀퉁이의 한 테이블이 될 수도 있고요. 제가 찜해놓는 자리가 있어요. 보스톤에 있을 때는 회사 맞은편에 보스톤 도서관이 있고 중정에 있는 분수대 옆에 있는 자리, 그 둘 중에 하나를 내 자리로 찜해놓았어요. 거기에 가서 마음이 편하다고 느끼는 자리를 정해놓아요.

예를 들어 사람이 많이 다니는 길에서 조금 구석진 공간에 있는 '비투프로젝트'라는 조각가가 하는 커피숍이 있었는데, 로컬커피숍이었어요. 운영하시는 분이 인테리어나 소품들을 자기 나름의 의미를 가지고 디자인을 해놓은 곳인 거죠. 안에 들어가서 구석자리 쪽의 한자리가 제 자리가 되는 거예요. 요즘에는 성신여대 입구 쪽으로 이사를 가면서 그쪽에 있는 스타벅스 구석 한자리를 찜해놓고 별일 없으면 거기에 가서 앉아 있어요.

구 공통점이 구석자리네요.

이 무조건 구석이라고 좋은 건 아니고 그곳이 공간이 제일 넓거든요. 다른 스타벅스 자리는 네모난 자리에 딱 두 명이 앉을 수 있지만 거기는 높은 의자에 4명이 앉을 수 있는 자리가 되니깐 노트북도 놓을 수 있고요. 운신의 폭도 있고 카운터의 시선을 피해 있어서 편안해요.

신 나름대로 그 구석 공간의 조건은 아주 명확한데요?

이 공통점이 있어요. 어딜 가든 내가 좋아하는 자리의 공통점이 있는 것 같아요.

구 단골집에 자주 가다보면 자기 의자가 생기잖아요. 내가 없는 사이, 누군가 거기에 앉아 있으면 그냥 뭔가 찜찜하고요.

이 그래서 세컨드 의자도 만들어요. 누군가 있을 때 잠시 피해 있다가 내 자리를 찾을 수 있는 자리를 두 번째, 세 번째까지 정해놔요. (웃음)

신 재미있네요.

이 그게 어떻게 보면 이방인 같은 삶 때문일지도 몰라요. 제가 집은 부산인데 서울에서 대학을 다니고 미국에 가 있다가 도시를 여러 번 옮기고 이랬거든요. 집 이외에 마음을 두고 시간을 보낼 곳이 필요하다 보니깐 나름대로 만들어내는 장치 같은 거예요. 사람들이랑 직접적으로 통하지는 않지만 항상 익명의 사람들이 오가는 것을 보게 되고 내가 편안하다고 생각되는 나의 자리를 정하는 거죠.

신 '내가 찜한 자리' 뭐 이런 거.

염 지금 찜한 곳이 몇 군데나 되세요?

이 새로운 도시를 가자마자 훑어 봐요. 어디에 걸리는 거 없나 훑어봐서 정하고 장소를 옮길 때마다 한두 군데씩 찾는 것 같아요.

신 건축가 이유정이 찜한 곳!

구 밤에 2시, 3시까지 찜해서 있을 수 있는 곳은 술집밖에 없는데 술집에서도 노트북 가져다 놓고 술 마시면서 담배 피면서 글 쓸 수 있는 곳이 많지 않아요.

신 그런 데가 있기는 있어요?

구 요새 글 쓰면서 한두 군데 있었어요. LP바도 있고 사람들이 좀 이상하게 보기는 하는데 내심 거기 주인들은 호의적으로 받아주더라고요. 한곳은 워낙 자주 가던 데라서 그러려니 했고. 다른 데 가서는 대뜸 노트북 켜놓고 글을 쓰니깐 '왜 자꾸 오는 거야. 쟨 뭐지?' 이런 느낌!

이 어느 순간 와서 출석도장을 찍는 거네요.

구 근데 재미있는 건, 제 윗연배되는 분들한테 당신의 공간에 대해 물어보면 질문 던지는 순간, 바로 과거로 회귀해버리거든요? 근데 이유정 선생님은 아련하고 짠한 깊이 정도가 그분들만큼 강하지 않은 것 같아요.

이 강렬한 기억이 있기는 해요. 제가 어렸을 때 광안리 바닷가 쪽에서 살았거든요. 집은 아파트고 바다가 있으니깐 매일 새벽마다 그 아파트 앞 동, 뒷동, 옆동 사람들이랑 모여서 바닷가 조깅을 하러 가는데요. 어둑어둑 태양이 올라오는 딱 그 시간, 아파트 1동부터 5동 사이에 풀밭이 있는데 거기에 텐트를 쳐서 자고 밥 먹으러 집에 갔다가 하루 종일 거기에서 지내곤 했거든요.

구 거기에 텐트를 친다고요?

이 네. 애들끼리 텐트 치고 거기에서 잠만 자고 배고프면 밥은 집에 가서 먹고요.(웃음) 즐거웠어요. 그 기억이 왠지 아주 생생해요.

염 저는 이유정 선생님 이야기 중에 이방인의 공간에 대해 공감이 많이 가요. 저는 하도 이사를 많이 다녀서 당연히 이사를 가야 되는 줄만 알았어요. 동네라는 개념도 없었고요.

신 저랑은 정반대네요. 저는 완전 정주해서 이사를 딱 세 번 했는데 대학교 졸업까지 그 동네에서 있었어요. 문정동, 효자동, 옥인동. 거기서만 움직이니깐 동네라는 개념이 정말 명확했어요.

구 실제로 요즘엔 이유정 선생님이 이야기한 자기만의 장소를 다들 만들잖아요. 사실 카페에 혼자 앉아 있는다는 것 자체가 아무렇지 않아진 지 얼마 안 된 것 같아요. 10년 전만 해도 카페나 술집에 남자들도 그렇고 여자들도 혼자 앉아 있으면 약간 이상한 느낌이었잖아요? 뭔가 사연이나 고민이 있거나 울컥한 일이 있는 듯한 그런 느낌으로요. 당연히, 그냥, 자연스러운 것이라는 문화는 아니었던 것 같아요. 개인적인 것이 중요시되고, 여러 가지 매체의 힘도 있을 거고, IT 기술 덕도 있을 거고, 자기 세계에 좀 더 침잠할 수 있는 것을 허락하는 사회가 되면서부터는 사람들이 그걸 즐기기 시작하는 건데 처음에는 익숙하지 않은 일이었죠. 저도 막연

히 동경하던 것이 바에서 혼자 술을 한잔하면서 무라카미 하루키 책을 읽는 거였어요.(웃음)

신 근데 되게 청승맞을 거 같아요.(웃음)

구 그런 데가 있어요. 그렇게 혼자 와서 술 마시고 아무렇지 않은 곳이요. 옛날에 한참 웨스턴바 같은 데가 생겼을 때는 그게 유행이었죠. 그때도 커피까지는 아니고. 커피를 혼자 마시는 건 이상한 거였죠.

이 저는 그게 프랜차이즈 커피숍이 등장하면서 생기게 된 문화라고 생각해요. 낮에는 '스타벅스' 라이브러리, 밤에는 '커피빈' 라이브러리, 이런 식으로 도서관화 되면서 장소 한군데에 너무 오래 있으면 지겨우니깐 아침저녁으로 시간차를 두어서 장소이동하고요.

구 어떻게 보면 우리나라에도 카페라는 게 있었잖아요. 오히려 유럽하고 비슷한 거였을지도 몰라요. 진짜 옛날 카페 같은 거요.

염 클래식 흐르고 경양식 파는.(웃음)

신 유럽은 테라스 문화가 발달했으니깐 날씨 좋은 날은 테라스에 죽치고 앉아 있는 사람이 많고요. 저 같은 경우는 아침에 일찍 나왔거든요. 출근하기 한 20분 전에 나와서 여유 두고 카페에 들러서 앉지는 않고 카운터에 서서 커피를 마셔요. 가격도 저렴해서 거의 삼분의 일 정도의 가격이에요. 부담 없는 가격이라 에스프레소 한잔 홀짝거리면서 옆의 신문도 보고 카운터에 있는 바리스타와 친해지면 세상 돌아가는 이야기 몇 마디 하고요. 바리스타가 시간됐다고 "너 출근 안 해?" 하는 이런 자연스러운 분위기였죠.

저녁에는 직장동료랑 퇴근하고 맥주 한잔 하면서 30분 동안 수다 떨다가 내일 보자, 하고 헤어지고요. 거의 매일 그렇게 반복하니까 카페 문화 자체가 굉장히 일상적인 것 같아요. 나만 그런 게 아니고 다들 그렇게 하는 것 같아요.

구 카페 문화에서 재미있는 게 있어요. 스타벅스 같은 장소는 우리나라에는 이미 있었던 건데 그게 미국에서는 나름 새로운 것이었는지, 등장하자마자 그쪽 동네 커피숍을 다 잡아먹었던 것 같아요. 그게 우리나라 들어오면서 원래 있었는데 이게 더 세련된 것이라고 다시 포장된 것 같고요.

신 파리 같은 경우는 스타벅스가 정말 공격적으로 들어왔는데도 불구하고 안 먹혔거든요

이 로마에서도 안 먹혀요.

신 먹힐 수 있는 여지가 없어요. 다들 우리가 여기서 이렇게 이미 잘 즐기고 있는데 그게 왜? 라는 분위기예요. 하지만 젊은 애들은 가기도 하는데 거의 80퍼센트가 관광객이에요.

이 우리나라에도 그런 분위기로 회귀하는 거 같아요. 대학생 때 스타벅스 좋아하다가 요즘에는 굳이 새로운 동네 가서 프랜차이즈 커피숍을

가는 것보다는 동네에 있는 로컬커피숍을 찾는 것 같아요.

신 오히려 조금 더 아기자기하고 작더라도 좀 더 개성 있는 무언가를 원하는 거 같아요.

염 근데 외국에 나가게 되면 스타벅스를 찾아서 그곳이 주는 익숙함에서 편안함을 느끼는 것 같기도 하고요.

구 아지트를 찾고 커피숍이나 바에 가서 맥주를 한잔하고 이러는 것이, 우리나라에도 전에는 그런 게 없었는데, 개인화로 외로워지면서 생긴 현상 같아요. 도시 안에서 가족에 대한 연결이 많이 약해지고 모임에서 분리되어 나오는 거죠. 사람 사이의 끈이나 지역과의 공간적인 끈이 끊어지면서 자기의 근거, 정신적 안정감을 얻을 수 있는 자리를 찾고요.

신 일을 하면서 정신없이 지내기는 해도 외로울 때 있잖아요.

염 어우, 많이 외롭죠. (웃음)

신 살면서 외로울 때 많잖아요. 저도 옆에 와이프가 있지만 순간적으로 외롭다, 그런 때가 있더라고요. 그게 나만 느끼는 게 아니고, 다들 어느 순간 느끼고 계시는 것 같아요. 그게 어떻게 보면 자기 자리에 대한 집착이랄까. 내 방에 대한 집착도 그렇고요. 그렇게 외로움을 승화시키는 것 같기도 해요.

구 그래서 우리나라의 '방' 문화라는 게 그렇게 해석이 될 수도 있다고 보는 것 같아요. 집안에 있던 방들이 분리되면서 거리로 다 뛰쳐나갔죠. 뭔가를 해야 되는 것들을 집안에서 하는 게 아니라 밖에 나가서 하는 거죠. 노래방, PC방, 찜질방 등등이요.

신 외국 친구들이 한국 와서 이해 못하는 것들 중 하나가 방 문화를 이야기하는데 왜 그럴까 곰곰이 따져보니깐 외국에선 친구들이랑 놀 때 초대를 받아서 그 집에 놀러 가거든요. 거기 거실에서 놀든지 어디 집안에서 논다고요. 밥을 먹어도 거기서 해 먹고. 아님 내가 뭘 싸가지고 가고. 뭔가 집에서 집으로 방에서 방으로 왔다갔다 하는 문화인데 우리나라는 집으로 불러서 같이 놀고 하는 것은 어렸을 때 하는 생일파티 이후에는 거의 없는 거 같아요.

염 누구 집에 가면 선물 사들고 가야 되는 느낌도 있고.

신 우리나라에서는 정서적으로 부담스럽죠.

이 외국에서는 모르는 사람들이랑 깊이 알아가기는 힘들지만 굉장히 쉽게 통성명하고 친해지잖아요. 근데 한국은 딱 내 사람과 내 사람이 아닌 사람의 구분이 뚜렷한 편이고요. 미국 친구들이 그러더라고요. 자기네들은 새로운 사람들을 알아가는 걸 좋아하는데, 너네는 친한 애들끼리만 모이는 거를 좋아하지 않냐고?

구 이야기하자면 의식적인 것, 문화적인 부분은 분명히 차이가 있을 거고 동양에서 그게 익숙해져야만 하는 거구요. 결국 문화적 차이에서 기인하는 거지만 사람과 소통하고 싶은 본질 자체는 변하지 않는 것 같아요. 공간의 변화와 이동을 들여다보면 역시나 사람이 숨어 있는 것 같아요.

우리의 장소는 나이를 더해가면서 점점 확장되어간다. 나고 자란 동네에서 또 다른 도시로, 해외로. 외로운 개인이면서 다른 사람과 소통하기를 원하는 세대. 변화하는 세대에서는 장소를 받아들이는 우리의 기억도 그만큼 색다른 질감을 가진다.

Interview #3

세 번째 인터뷰

세 번째 인터뷰는 컬럼비아 대학교 건축대학원 동창회 모임이 열린 가로수길 작은 바에서, 서로들 맥주를 들고 인사를 나누는 분위기에서 진행되었다.

이야기를 나눈 이들은 다음과 같다.

강호원 소장 (Studio VOID)
오현일 소장 (삼우설계)
양수인 소장 (Lifethings)

구승회(이하 구)   당신의 공간은 무엇일까요?

강호원(이하 강)   부모님이 계속 이사를 하셨기 때문에 제가 같은 곳에 오래 산 적이 없거든요. 새로운 환경으로 갈 때마다 처음에는 되게 낯설고 내가 여기서 어떻게 사나 이런 생각을 하게 되는데 공간에 대한 책임감을 느끼게 되면서 거기에 익숙해지는 것 같아요. 그게 좋은지 안 좋은지는 모르겠어요. 사람들은 자신이 사는 장소에 돌아와야 되는 것 같아요. 아침에 일어나고 밥을 먹고 이런 삶 속에서 어떤 기준점을 찾나봐요. 어떤 식으로라도요.

구 자기가 회귀할 수 있는 어떤 곳.

강 일본에서도 부모님이 계속 장사를 하시고 같은 집에 5년 이상 있어본 적이 없어요. 이사갈 때마다 좋아질 때도 있고 나빠질 때도 있는데요. 일본뿐만 아니라 시골에서 대학에 가고, 미국에도 가봤고, 몇 번 이사를 해봤고, 어쩌다보니 한국에 왔고요. 작다, 크다를 떠나서 내가 말했던 기준점, 내가 어디서 돌아온다는 느낌이 있는 곳이 꼭 있을 것 같아요.

구 무슨 말씀인지 공감이 돼요. 사람들은 시계가 필요한 것 같아요. 내가 공간과 시간 속에서 어디 있다, 라는 것을 알려줄 만한 무언가가 필요해요. 막 돌아다니고 술 마시면서 매일 늦게 들어가다 보면 만날 밤낮이 바뀌잖아요. 저한테는 시계가 와이프거든요. 와이프는 항상 규칙적인 삶을 살아요. 아침에 일어나고 저녁에 자고 저는 그렇지 않거든요. 그러니까 세상이 내 주위를 정신없이 도는 것 같은 느낌을 받을 때 와이프가 그대로 있는 것을 보면 마음의 안정 같은 것을 느끼거든요. 말씀하신 것처럼 공간적으로는 회귀할 수 있는 포인트가 있는 것 같아요. 그게 익숙해지면서 안정이 다시 생기고요.

강 저한테는 어떤 고정점이 없어요. 제가 재일교포라서 그런지 건축하시는 분들 얘기를 들어보면 서울이 어떻다 그런 이야기를 많이 하시거든요. 저는 일본에 있으면서 도쿄가 이렇게 되어야 한다고 한 번도 생각 못해봤어요. 사실 저는 투표도 난생처음 해봤어요. 작년 서울시장 선거 때요. 그때까지는 제가 투표를 한 번도 못해봤어요. 제가 일본에 있을 때는 재외국인이었기 때문에 선거권이 없었어요. 근데 작년에 와서 투표를 하다 보니깐 내가 어떤 것에 속했다는 것을 이 나이 되어서 처음으로 느꼈어요.

양수인(이하 양) 그런 느낌은 어떠셨어요? 자유로운 느낌?

강 괜찮았어요. 그게 장단이 있는 거 같아요. 세상의 모든 것에는 양면이 있어요. 모든 것이 다 좋을 수도 없고 다 나쁘다고 할 수 없는 것처럼요.

양 자녀 분 있으세요?

강 저는 애가 없어요. 그래서 더 그런가 봐요.

오현일(이하 오) 저는 기억하는 공간이 분명히 하나 있죠. 제가 어렸을 때 살던 집이 제주도 단독주택이었는데요. 뒤에 조그만 마당이 있고 폭이 한 2미터 되는 앞마당에서 뒷마당으로 가는 통로가 있었어요. 담이 있고 다른 집이 있었고요. 근데 제가 좋아했던 장소가 통로 지나서 앞마당 꺾는 코너. 제가 거기서 혼자 잘 놀았어요.

구 아늑해서요?

오 그게 아니라 거기에 일단 수도꼭지가 있었어요. 뭔가 사용용도가 있었는데 초등학교 때였는데 나무 앞으로 나가면 골목길에서 친구들이랑 놀 수 있고 바로 뒤로 가면 혼자 마당에서 놀 수 있어요. 그 코너가 저한테는 제일 좋은 장소였어요. 거기가 정말 기억에 많이 남아요. 어렸을 때 라이터 안에 들어 있는 액체가 너무 궁금했어요. 이 액체가 뭘까 해서 초등학교 2학년 때 아무리 던져도 안 깨지는 거예요. 결국 망치 가져다가 치니깐 팡하고 터지는 거예요. 그랬는데 아무것도 안 남는 거예요. 그렇게 거기서 놀았어요.

구 단독주택의 기억은 다들 강렬한 것 같네요.

오 아, 또 하나는 아파트에 대한 건데, 그때 노을 지는 게 너무 멋있어서. 이거 혼자 보기 아깝다고 해서 부엌으로 막 달려가서 저녁시간이었는데요. 음식을 만드시느라고 어머니 바쁘시잖아요. 근데 제가 엄마 지금 음식 만들 때 아니라고 했죠. 중학교 1학년짜리가 지금 엄마 음식 만들 때 아니라고 노을을 봐야 된다고 우겨가지고요. 어머니는 오래 사셨으니깐 항상 봤던 노을이었을 텐데 전 막 노을 보자고 졸랐죠.

양 전 첫키스를 했던 벤치. 대학원 진학용 포트폴리오에 사진 넣고 글 쓰고 뭐 이러기까지 했는데. 〈건축학개론〉처럼 수지와 이제훈의 추억이 있는 벤치라니깐요.

구 그 벤치가 어디에 있는 벤치였는데요?

양 경운중학교 옆 아파트 단지 안 347동 옆이요. 지금은 없어졌어요. 하여튼 벤치를 다시 보러 갔는데 그때 처음 디지털카메라가 나올 때였으니까 1999년이었나. 근데 디지털 카메라로 처음 찍다보니깐 노출강도를 잘 조절하지 못해서 이미지가 너무 번져서 나온 거예요. 그래서 진짜 사진하는 사람이 보면 별로일 수도 있지만 그 당시 느끼기에는 너무 낭만적으로 벤치가 표현됐어요. 근데 그게 내가 간직하는 첫키스의 이미지와 너무 맞는 거예요. 그래서 그 공간도 좋아요. 나중에 내가 찾아간 공간의 기억과 내가 공간을 기억하며 찍은 이미지……. 모든 게 기억이 나요. 나중에 사진을 보여드릴게요.

구 하긴 첫사랑, 첫키스의 기억만큼 강렬한 게 없지. 어쩌면 그래서 더 기억에 남을지도……. 하지만 근데 굳이 보고 싶지는 않구만.(웃음)

인터뷰를 진행하면서 다시 한 번 동시대를 살아가는 아들과 함께 공간에 대해 호흡할 수 있었다.
기억에서 파생된 장소는 그만큼 선명한 깊이를 준다. 때로는 공간이 자신의 정체성을 나타내기도 하며, 우리의 기억을 되새김질해준다. 거슬러 우리의 기억을 소환하는 장소는 우리 삶에서 항상 함께 한다.

〈건축학개론〉 책이라구?
건축과 도시의 이야기는 열려 있다

보이는 것들을 만져서, 보이지 않는 삶의 양식과 이야기로 만들어내는 것이 건축이다.

건축과 도시의 이야기는 끝이 열려 있다. 공간을 사용하는 개인이 이야기를 시작하면 그 흔적을 덧대고 또 다른 가능성을 더해간다. 그 과정이 개인의 창작물, 또한 한 시대의 결과물로서의 건축 이상의 의미를 가지게 되는 것이다. 이것이 건축이 사회적, 문화적, 역사적인 존재가 되어가는 과정이다. 여기에 『건축학개론 기억의 공간』을 통해 건축과 공간에 대한 이야기가 하나 더 보태졌다.

책의 시작은 글을 쓰는 단서가 되어준 영화 〈건축학개론〉 속의 공간 이야기와 실무자의 경험을 통해 공간을 통해 소통하고 싶었으나 미처 하지 못했던 이야기들을 털어놓는다. 그런 다음, 그의 개인적인 기억 속에 오래도록 남은 그때, 그곳의 아련한 정서가 실마리가 되어 우리 중 누군가의 가슴을 끄덕이게 만드는 공간의 숲으로 이끈다.

이 책의 흥미로운 점은 건축과 공간에 거리를 두고 객관적으로 서술하는 대신 저자 스스로 건축에 관심 있는 생활인으로서 경험해온 것을 느끼고 체험한 대로 밀착해서 이야기하는 것이다.

저자는 전문가의 시선보다는 공간에 대해 조금 더 예민한 촉을 가진 주변 사람처럼, 우연히 옆자리에 동석하면서 편하게 주고받는 것처럼 말하고 싶어 한다. 글을 읽다보면 때로는 공간이 드러나고 때로는 그가 드러난다. 그의 이야기에 귀 기울이다 딴생각에 빠질 수도 있고, 한순간 귀에 쏙 드는 한 문장으로부터 몇 페이지를 단숨에 읽어 내려갈 수도 있을 것이다. 그의 글쓰기에는 여백이 있다. 하지만 은근하게 젖어든다. 그의 이야기가 종횡으로 펼쳐지는 사이에 우리는 미처 인식하지 못한 공간 경험과 기억을 만날 수 있을 것이다.

조재원 건축가 (01 Studio)

어린 시절 골목길의 추억이 있는 나는 그렇다 치고 아파트키드인 요즘 20대들이 왜 골목에 열광할까 의아한 적이 있었다. 가끔 한가한 계단을 보면 일단 엉덩이 한번 붙여보고 싶은 건 나만 그런 줄 알았다.

이 책에서 골목의 매력은 '사람의 부재'와 '작고 다양한 문' 때문이라고, 한 발 크기의 계단 넓이는 엉덩이 붙이기에도 딱 적절해 새로운 용도가 생긴다고 그 이유를 설명해주었을 때 '아하, 그렇구나' 고개를 주억거렸다.

저자는 남들이 정해놓은 삶의 궤적에서 벗어나고 싶을 땐 공간의 방향성을 바꿔보라고 조언하고, 정해진 일상이 왜 편안한지를 기둥의 리듬감으로 설명해준다.

강의실, 공항, 폴딩도어… 그리고 광장과 놀이동산에 이르기까지 우리가 무심히 지나치며 살고 있는, 때로는 깔고 앉기도 한 수많은 흔한 공간들을 전문가의 지식으로 분석하고 쉬운 언어로 전달해주는 것이 이 책의 미덕이다. 전문가의 견해를 충분히 깔고 있어 허전하지 않으면서도 조근조근 대화 나누듯 편안한 서술이 페이지 넘어가는 걸 어렵지 않게 만든다. 늘 지내오고 지나치던 공간들이 새롭게 보일 때의 신선함은 꽤 짜릿하고 깨달음은 유쾌했다. 아는 만큼 보인다는, 이제는 진부해진 수사를 다시 한 번 떠올린 즐거운 독서였다.

더불어 병산서원의 이미지를 어떻게든 구현해보려고 수많은 시간 수없이 시도해온 자신에게 "참 애쓴다. 애써"하고 중얼거리는 저자의 모습은 같은 창작의 길을 걷는 사람으로서 짠한 연민과 깊은 공감을 느끼게 했고, 영화 〈건축학개론〉의 뒷이야기나 감독과 저자, 두 남자의 밀당을 훔쳐듣는 건 덤으로 따라오는 재미였다.

아는 이의 글을 읽을 때는 다른 독서와 달리 두 가지 감정이 더 작동한다. '내가 아는 것과 또 다른 그의 모습은 무엇일까' 라는 호기심과 각별한 관계일 경우 '재미있어야 할 텐데' 라는 걱정이 그것이다. 읽고 난 후 호기심은 충족되었고 걱정은 안도감으로 바뀌었다. 그런대로 꽤 괜찮은 건축가가 된 듯해 흐뭇했다. 저자에게 격려를 보낸다.

구선경 방송작가 (《옥탑방 고양이》 〈푸른 물고기〉 집필)

집을 짓는 것과 영화를 만드는 것, 그리고 책을 펴내는 것에는 공통점이 있다. 많은 사람들의 희망과 기대, 고민과 어긋남 등이 보이지 않는 과정 속에 숨어 있다는 점이다. 특히 우리는 이 어긋남에 주목해야 한다. 각자의 생각이 다르기에 발생하는 당연한 현상이다. 건축도, 영화도, 책도 그 잦은 어긋남과 차이를 어떻게 잘 극복하느냐에 따라 결과물이 다르게 나온다. 이 책은 영화 제작 과정에서 건축가의 입장을 보여준다. 영상의 완성을 위해 다양한 생각들이 충돌하는 과정과 영상 이면의 생각들이 전개되는 과정을 엿볼 수 있다. 결국 중요한 건 이런 것들이 아니었을까? 그런 의미에서 이 책은 영화 〈건축학개론〉을 완결짓는 '건축학개론서'일 것이다.

오영욱 건축가 (오기사 디자인)

구승회 선배는 '기억의 습작'을 들으며 밤을 지새던 워크숍에서 처음 만났고, 졸업 후 건설현장에서 일하며 이메일로 유학 상담을 해주었으며 뉴욕에 도착했을 때 빠듯한 생활비를 쪼개 소주를 사주며 유학생활에 대한 조언을 아끼지 않았다. 선배는 어떤 이야기든 항상 따뜻하게, 그리고 알기 쉽게 풀어서 말하는 재주가 있었다. 건축은 사실 대단한 것이 아니다. 우리가 공간을 만들고 사용하고 경험하고 느끼는 일상의 솔직한 과정이다. 하지만 건축을 알기 쉽게 이야기하는 것은 어려운 일이다. 『건축학개론 기억의 공간』은 후배인 나에게 그러했듯이, 선배가 따뜻한 마음으로 알기 쉽게 풀어 쓴 공간 이야기이다. 선배의 감성과 지성이 스며든, 우리의 삶을 즐겁게 하는 이야기를 듣는 행운을 다른 사람들과 나눠 가질 수 있어서 참으로 반갑다.

양수인 건축가 (Lifethings)

건축학개론
기억의 공간

1판 1쇄   2013년 1월 2일
1판 2쇄   2022년 5월 20일

지은이   구승회
펴낸이   김정순

책임편집   배경란
디자인   김수진
마케팅   이보민 양혜림 이다영

펴낸곳   (주)북하우스 퍼블리셔스
출판등록   1997년 9월 23일 (제406-2003-055호)
주소   04043 서울시 마포구 양화로 12길 16-9(서교동 북앤빌딩)
전자우편   editor@bookhouse.co.kr
홈페이지   www.bookhouse.co.kr
전화   02-3144-3123
팩스   02-3144-3121

ISBN 978-89-5605-625-8(13810)

영화 스틸컷과 B컷을 포함해 본문에 사용된 영화사 제공 이미지는 저작권 표시를 명기했습니다.